박정
비법
누설

**지은이 박정**

경기도 파주 출생으로 서울대학교와 동대학 자연과학대학원을 졸업하였다. 1990년부터 TOEFLER'S TOEFL TEAM을 결성, 영어 강의를 시작하였으며 1994년에 '박정어학원'을 설립하였다. '박정어학원'은 TOEFL, TOEIC, GRE, GMAT, SAT, LSAT 등 다양한 영어 시험 대비 강좌를 개설한 국내 최초의 영어 시험 전문 학원으로, 현재까지 미국 유수 대학에 약 5만 5천 명의 유학생을 배출하였다. 또한 '박정영어시험연구소', '미래국제교육문제연구소', 'On-line 영어학원 Everclass.com' 등을 운영하고 있나. 현재 안양대학교 영문과 교수 및 파주시 축구협회장으로 있다.

저서로 〈조기유학 보낼까 말까 갈까 말까〉 〈만화에서 건진 영어〉 〈TOEFLER'S TOEFL 비법누설 문법편·문법유형편〉 〈GRER'S GRE 비법누설〉 〈광고로 꽉 잡은 영어〉 〈TOEICKER'S TOEIC 시리즈(총 42권)〉 등이 있다. 제1회 조선일보 인터넷 대상(1999년), 제5회 한국 공간문학상 본상(수필 부문), 한국 멀티미디어 교육센터 주관 IP 부분 대상(1997년)을 수상했다.

## 박정 비법 누설
Structure Type Written Expression Type

발행일
1997년 2월 15일 초 판 1쇄
2001년 4월 20일 초 판 10쇄
2002년 3월 25일 개정판 1쇄
2015년 8월 15일 개정판 29쇄

지은이 / 박정
펴낸이 / 정무영
펴낸곳 / (주)을유문화사

창립 / 1945년 12월 1일
주소 / 서울시 종로구 우정국로 51-4
전화 / 734-3515, 733-8151~3
FAX / 732-9154
홈페이지 / www.eulyoo.co.kr

ISBN 89-324-5211-3 14740
ISBN 89-324-5205-9(세트)

* 값은 뒤표지에 표시되어 있습니다.
* 지은이와의 협의하에 인지를 붙이지 않습니다.

# 박정 비법 누설

**Structure Type Written Expression Type**

박정 지음

을유문화사

# Contents

## Introduction

TOEFL 문법 문제를 해결하는 일반적인 전략 ········· 011
STRUCTURE TYPE 문제를 해결하는 요령 ········· 012
WRITTEN EXPRESSION TYPE 문제를 해결하는 요령 ········· 015

## Chapter I  Structure Type 문제 유형

01 단문(Simple Sentence) ········· 021
02 복문(Complex Sentence) ········· 028
03 연결어(Connectors) ········· 033
04 병치 구조(Parallel Structure) ········· 037
05 어순(Word Order) ········· 040

## Chapter II  Written Expression Type 문제 유형

01 주어와 동사(Subject and Verb) ········· 045
02 수 일치(Number Agreement) ········· 048
03 단어의 형태(Word Form) ········· 050
04 어순(Word Order) ········· 052
05 연결어(Connectors) ········· 053
06 준동사(Verbal) ········· 055
07 대명사(Pronoun) ········· 056
08 비교급(Comparison) ········· 058
09 병치 구조(Parallelism) ········· 060

10 의미의 중복(Unnecessary Repetition) ........ 062
11 관용어구(Usage) ........ 063

## Chapter Ⅲ  Structure Type 비법

01 V-1=X 공식으로 문제를 해결한다 ........ 071
02 전치사구는 삭제한다 ........ 073
03 동사 찾기 유형은 수 일치와 태로 해결한다 ........ 075
04 부사절로 시작하는 문장은 주절 앞에 콤마(,)가 있다 ........ 078
05 관계 대명사 앞에 전치사가 있으면 답이다 ........ 080
06 부사절, 형용사절 및 명사절의 구분은 O, X로 한다 ........ 082
07 명사 접속사 that과 what은 부족한 성분 개수로 구별한다 ........ 085
08 복문의 종류에 따른 난이도 ........ 087
09 명사와 명사의 충돌은 전치사로 해결한다 ........ 090
10 고유 명사나 학술 용어는 동격으로 설명된다 ........ 092
11 However나 therefore 같은 접속 부사는 답이 될 수 없다 ........ 094
12 TOEFL에서의 it은 to부정사와 that절만 받는다 ........ 096
13 오답을 이용하여 정답을 찾는다 ........ 098
14 Wh- 구문이 보이면 주어 + 동사의 어순이 답이다 ........ 100
15 선택지의 단어 구성이 같으면 수식 관계에 대한 문제이다 ........ 102
16 주어, 동사의 도치 문제는 고난이도의 문제로 출제된다 ........ 104
17 선택지에 to부정사, 현재 분사 및 과거 분사가 있을 때 to부정사가 정답일 확률이 높다 ........ 106
18 비교급 문제는 병치 구조로 해결한다 ........ 108
19 주절이 복잡하면 사람 주어를 찾는다 ........ 110
20 상관 접속사에 관한 문제는 짝짓기 문제이다 ........ 112
21 문장에 콤마(,)가 많으면 병치 구조 문제이다 ........ 114

## Chapter IV  Written Expression Type 비법

01 Make와 do동사를 이용한 숙어적 표현에 주의하라 · · · · · · · · · · 119
02 TOEFL 문법 section에서는 미래 시제가 거의 안 나온다 · · · · · · · · · · 121
03 Alike 다음에는 명사가 올 수 없다 · · · · · · · · · · 124
04 대명사에 밑줄이 있으면 정답일 가능성이 높다 · · · · · · · · · · 126
05 So, such, too, very를 조심하라 · · · · · · · · · · 130
06 Be동사와 관계된 유형의 문제들이 많이 출제된다 · · · · · · · · · · 132
07 전치사, 숙어 문제는 중간 정도의 난이도 문제가 출제된다 · · · · · · · · · · 136
08 부정 관사에 유의하라 · · · · · · · · · · 138
09 어순 문제는 수식 관계와 enough에 관한 문제가 출제된다 · · · · · · · · · · 141
10 비교 구문 문제는 형태에 관한 문제가 나온다 · · · · · · · · · · 143
11 단어의 형태에 관한 문제가 가장 많이 나온다 · · · · · · · · · · 146
12 병치 구조는 난이도에 따라 출제 유형이 다르다 · · · · · · · · · · 149
13 수 일치 문제를 해결하는 요령은 간단하다 · · · · · · · · · · 152
14 관계 대명사에 밑줄이 있으면 앞의 선행사와 뒤의 구조를 살펴라 · · · · · · · · · · 154
15 가산 명사와 불가산 명사를 구별하는 힌트는 문장 내에 있다 · · · · · · · · · · 156
16 명사의 혼용을 조심하라 · · · · · · · · · · 158
17 전치사, 접속사 및 접속 부사의 기능을 알아야 한다 · · · · · · · · · · 160
18 상관 접속사 문제는 짝을 찾는 문제이다 · · · · · · · · · · 162
19 전치사 다음의 구조에 유의하라 · · · · · · · · · · 164

## Appendix

단어 형태에 관한 연습 문제 · · · · · · · · · · 169
Answer Key · · · · · · · · · · 178

# Introduction

TOEFL 문법 문제를 해결하는 일반적인 전략

STRUCTURE TYPE 문제를 해결하는 요령

WRITTEN EXPRESSION TYPE 문제를
해결하는 요령

# TOEFL 문법 문제를 해결하는 일반적인 전략

### 1  TOEFL 문법 문제는 문어체에 관계된 시험이다

TOEFL 문법 문제의 문장들은 구어체의 구사 능력이나 이해 능력을 측정하기 위한 Listening Section의 문장들보다 훨씬 더 정형적인 문어체 형식으로 이루어진 것이 특징이다. 이러한 이유 때문에 의문문이나 명령문, 또는 감탄문 형식의 문장은 그렇게 많이 쓰이지 않는다. 따라서 구어체보다는 문어체 문장들의 특성을 이해하는 것이 필요하다.

### 2  문제의 type별로 전략이 바뀌어야 한다

Structure type 문제는 문장의 빈칸을 채우는 문장 완성형(Sentence Completion)이고 Written Expression type 문제는 문장에서 틀린 곳을 찾는 유형(Error Detection)이다. 즉 정확한 답을 찾는 전략에서 잘못된 답을 찾는 전략으로의 전환이 필요하다.

### 3  기출 문제 유형에 익숙해져라

TOEFL 문법 Section은 Formal Written English를 다루기 때문에 출제 영역과 난이도는 상당히 제한 되어 있다. 실전 문제를 몇 회분 풀어본 사람들은 어렴풋이 느끼겠지만, TOEFL 문법은 자주 출제되는 유형이 어느 정도 정해져 있다. 따라서 이러한 기출 문제 유형에 얼마나 익숙한가에 따라 TOEFL 점수에 많은 영향을 끼친다고 볼 수 있다. 보통 Structure type 문제에는 5가지의 기출 유형이 있고, Written Expression type 문제에는 11가지의 기출 유형이 있다. 이러한 기출 유형의 출제 비율은 거의 90~95%에 달한다.

### 4  답이 분명치 않을 때는 오답을 이용하라

네 개의 선택지 중에서 두 개 중에 하나가 답이 될 것 같을 때는 오답을 이용하라. 출제자가 선택지를 만들때는 아무렇게나 만드는 것이 아니다. 반드시 정답을 근거로 해서 오답을 작성하기 때문에 오답을 분석하면 정답을 찾을 수 있다.

# STRUCTURE TYPE 문제를 해결하는 요령

STRUCTURE TYPE 문제를 해결하는 요령은 다음과 같다.

**1. 문장을 기호화하여 단순하게 만든 후 문장의 구조를 분석한다.**
**2. 단순화된 문제와 선택지를 보면서 출제 의도를 파악한다.**
**3. 적절한 답을 고른다.**
**4. 오답 적용을 통해 정답을 찾는다.**

위의 과정중 1, 2단계는 어떤 것을 먼저 해도 상관없다. 3, 4단계 역시 문제에 따라 적용하는 순서를 바꿀 수 있다. 다음의 예문을 통해서 위의 요령을 익혀 보자.

### Example >>

Thurgood Marshall _____ practicing law in 1933.

Ⓐ began
Ⓑ was begun
Ⓒ beginning
Ⓓ he begin

▶ 1단계 – 구조 분석

Thurgood Marshall begun practicing law in 1933.
    S    V   O

▶ 2단계 – 출제 의도

문장의 동사 형태를 묻는 문제이다.

▶ 3단계 – 정답 고르기

문장의 동사가 될 수 있는 것은 Ⓐ 와 Ⓑ 가 있는데 문장 뒤에 명사구 practicing law 때문에 Ⓐ 가 답이다.

▶ 4단계 – 오답을 통한 정답 확인
Ⓑ 동사가 수동태 형태인 문장 뒷부분에 명사구가 있으므로 적절치 못하다.
Ⓒ 동사 형태가 아니다.
Ⓓ 불필요한 he가 들어 있다.

**Example >>**

Thomas Paine was committed to speaking the truth bluntly, _____ .

Ⓐ was understood
Ⓑ he had understanding
Ⓒ as he understood it
Ⓓ that his understanding was

▶ 1단계 – 구조 분석
Thomas Paine was committed to speaking the truth bluntly, as he understood it.
　　　S　　　　V　　　　　　　　　　　　　　　　　　　　✕　S　　V

▶ 2단계 – 출제 의도
동사 연결에 필요한 접속사를 묻는 문제이다.

▶ 3단계 – 정답 고르기
문제의 구조상 주어와 동사가 있으므로, 다른 주어와 동사를 연결하는데 필요한 접속사가 있는 Ⓒ 가 답이다.

▶ 4단계 – 오답을 통한 정답 확인
Ⓐ 와 Ⓑ 는 문장의 원활한 연결을 위해서 동사의 개수보다 하나 적은 접속사가 있어야 한다는 V-1=✕ 공식(동사의 개수 -1=접속사의 개수)에 모순이다. 동사가 두 개 있는 상태에서 접속사가 없기 때문에 틀린 답이다. Ⓓ 는 that이라는 접속사가 있지만 콤마(,) 다음에 that 절이 연결되지 않으므로 답이 아니다.

**Example >>**

_____, angiosperms have specialized conducting tissues.

- (A) Other vascular plants are like them
- (B) They are like other vascular plants
- (C) Other, like vascular plants
- (D) Like other vascular plants

▶ 1단계 – 구조 분석

Like other vascular plants, angiosperms have specialized conducting tissues.
　　　　　　　　　　　　　　　　S　　　　　　V　　　　　　　O

▶ 2단계 – 출제 의도

명사와 명사의 연결에 전치사의 쓰임을 묻는 문제이다.

▶ 3단계 – 정답 고르기

명사 Other vascular plants와 명사 angiosperms가 동격이 아니면서 인접해 있으므로 전치사 Like로 연결된 구조인 (D)가 답이다.

▶ 4단계 – 오답을 통한 정답 확인

(A)와 (B)는 주어와 동사의 개수가 두 개인데 접속사가 없으므로 V−1=X 공식에 모순된다. (C)는 (B)와 거의 같은 구조이지만 형용사 Other는 명사 angiosperms를 수식해야 하므로, 전치사구 Like vascular plants에 의해 떨어져서는 안 된다. (A)와 (B)의 구조를 통해 Other는 angiosperms보다는 vascular plants쪽에 연결된다는 것을 알 수 있다.

# WRITTEN EXPRESSION TYPE 문제를 해결하는 요령

WRITTEN EXPRESSION TYPE 문제는 STRUCTURE TYPE 문제와는 달리 잘못된 부분을 찾아내는 형식이므로 해결하는 요령에 차이가 있다.

1. 출제자의 의도를 파악한다.
2. 잘못된 곳을 발견하면 그 타당성 여부를 확인한다.
3. 혹시 함정에 걸리지 않았는지 조심한다.

**Example >>**

The <u>original</u> patent for a refrigerating <u>machine</u> <u>was issued</u> in 1834 to Jacob Perkins, <u>a</u>
　　　Ⓐ　　　　　　　　　　　　　　　Ⓑ　　　Ⓒ　　　　　　　　　　　　　　Ⓓ
American engineer.

▶ 1단계 – 출제자의 의도 파악
부정 관사 a와 an 중에서 뒤의 단어에 따라 어떤 것이 쓰여야 하는지를 알아보는 문제이다.

▶ 2단계 – 타당성 확인
Ⓐ original이 뒤에 나온 명사 patent를 수식하기 위해서는 형용사 형태가 되어야 하는데, 그 형태가 제대로 되었는지 묻고 있다.
Ⓑ 앞에 관사 a가 있기 때문에 machine이 복수 형태가 될 수 없다.
Ⓒ 1834라는 연도가 나왔으므로 과거형인 was issued가 쓰였다.
Ⓓ 부정 관사 a 다음에 나온 단어가 모음으로 시작하는지 자음으로 시작하는지 알아보기 위한 문제로서 a가 an으로 바뀌어야 한다.

▶ 3단계 – 함정
함정이 될 만한 부분은 없다.

Example >>

A letter of credit is often <u>used to</u> companies <u>to finance</u> the <u>movement</u> of
　　　　　　　　　　　　　　Ⓐ　　　　　　　　　Ⓑ　　　　　Ⓒ
<u>goods</u> between countries.
　Ⓓ

▶ 1단계 – 출제자의 의도 파악
be used to 구조와 전치사의 쓰임을 복합적으로 알아보는 문제이다.

▶ 2단계 – 타당성 확인
Ⓐ be used to는 뒤쪽에 있는 to finance가 be used to 동사 원형에 적용되는 것이고, to companies에서 to 대신 장소에 쓰이는 전치사 in이나 at이 와야 한다.
Ⓑ to finance에서 finance가 동사로 쓰인다.
Ⓒ the 다음에는 명사가 나와야 한다.
Ⓓ goods가 good에 대한 명사형으로 쓰일 수 있고, 그 뜻은 '상품'을 의미한다.

▶ 3단계 – 함정
finance가 동사로 쓰일 수 있다는 사실과 good의 명사형으로 goods가 있다는 사실에 유념해야 한다.

Example >>

<u>On stage</u> Aretha Franklin sings with <u>incredible</u> energy, <u>zest</u>, and <u>strong</u>.
　　Ⓐ　　　　　　　　　　　　　　　　　Ⓑ　　　　　Ⓒ　　　　Ⓓ

▶ 1단계 – 출제자의 의도 파악
병치 구조를 이해하는지 알아보기 위한 문제이다.

▶ 2단계 – 타당성 확인
Ⓐ 명사 stage에 전치사 On이 쓰인다.
Ⓑ 형용사 incredible이 제대로 쓰였다.
Ⓒ 명사 zest가 energy와 병치 구조를 이루고 있다.
Ⓓ A, B, and C의 연결 구조를 보기 위한 것으로 앞의 두 개의 명사(energy, zest)와 병치 구조를 이루기 위해서는 형용사 strong이 아니라 명사형 strength가 되어야 한다.

▶ 3단계 – 함정
Ⓑ 의 incredible과 비슷한 형태의 형용사인 incredulous도 있으므로 각각의 쓰임에 유의할 필요가 있다.

# Chapter 1

**Structure Type** 문제 유형

## Structure Type_ 01

# 단문(Simple Sentence)

### ① 경향과 대책

단문에 대한 시험 문제는 주로 주어와 동사에 관한 것이지만 종종 목적어, 보어 등에 대한 문제나 수식어구에 관한 문제가 출제되기도 한다. 출제 빈도수가 비교적 높기 때문에 문장에서의 주어와 동사의 위치 및 형태에 대한 정확한 이해가 요구된다. 이러한 것은 단문뿐 아니라 중문이나 복문 등을 이해하는 데도 필수적이다.

### ② 문법 설명 및 출제 유형

단문은 절 한 개로 문장이 구성되며, 반드시 주어와 동사를 포함하고 있어야 한다. 만약에 동사가 2형식 동사(Linking Verb : VL)이거나 타동사(Transitive Verb : VT)인 경우에는 보어 및 목적어(Complement)가 있어야 한다. 또한 문장 수식어구(Sentence Modifier : M)는 보조적인 정보를 주는 것으로 문장 구성에 반드시 필요한 것은 아니다.

기본적인 문장 구조

| 주어(S) | 동사(V) | 보어 및 목적어(C) | 문장 수식어구(M) |
|---|---|---|---|
| Seoul | is(VL) | a city | in Korea |
| Seoul | is | cold | during the winter |
| I | love(VT) | her | sincerely |
| The manager | spoke(VI) | | to the cashier |
| The tree | was planted(VP) | | by the man |

(VL) = 2형식 동사  (VT) = 타동사  (VI) = 자동사  (VP) = 수동태 형태의 동사

1) 주어 자리에는 명사나 대명사 또는 명사 상당어구가 올 수 있는데, 앞이나 뒤에서 형용사나 전치사구 등으로 수식될 수 있다.

▶ the two men
　 the two men in the house

2) 동사는 조동사와 같이 쓰이거나 단독으로 쓰이며 조동사에 의해 시제나 의도 등을 나타낼 수 있다. 다음과 같이 4종류의 동사가 있다.
① 보어를 필요로 하는 동사 (VL) : be, seem, look, become, etc.
② 타동사 (VT) : 목적어가 있어야 한다.
　 find, take, know, etc.
③ 자동사 (VI) : 보어나 목적어는 필요 없으나 수식어구가 올 수 있다.
　 speak, sleep, exist, etc.
④ 수동태 동사 (VP) : 대체로 목적어나 보어가 없다.
　 is found, is taught, etc.

3) 보어, 목적어는 2형식 동사나 타동사일 경우에 동사 뒤에 위치한다.

4) 문장 수식어구는 부사(예 : quickly), 전치사구(예 : during the night) 또는 부사 역할을 하는 명사나 명사구(예 : today, yesterday) 등이 속하는데, 보통 문장의 끝에 오지만 앞쪽에 올 수도 있다.

▶ I will see Bob tomorrow.
　 Tomorrow I will see Bob.

문장에서의 기능과 품사의 관계

| 기능 | 주어 | 보어 또는 목적어 | 문장 수식어구 |
| --- | --- | --- | --- |
| 품사 | 명사<br>대명사<br>명사 상당어구<br>(to부정사, 동명사, 명사절) | 명사<br>대명사<br>명사 상당어구<br>(to부정사, 동명사, 명사절)<br>형용사 | 부사<br>전치사구<br>명사 형태의 부사<br>(예 : today) |

**출제유형** 단문의 출제 유형에는 다음과 같은 7가지가 있는데, 보통 1~4 경우의 문제가 주로 출제된다.

## 1. 주어가 없는 경우
문장의 동사 앞에 나올 주어를 찾는 경우로 동사와의 수 일치를 고려해야 한다.

Example >>

_____ is located in San Francisco Bay.

    (A) Alcatraz which
    (B) Alcatraz
    (B) It is Alcatraz
    (D) Although Alcatraz

해설 >> (A) 접속사 which 때문에 주절의 동사가 없는 형태가 된다.
    (C) It is의 is와 is located형태로 동사가 두 개 있으므로 이를 연결하기 위해서는 접속사가 필요하다.
    (D) 접속사 Although 때문에 부사절만 있고 주절이 없는 형태이다.
정답 (B)

## 2. 동사가 없는 경우
단문의 유형으로는 문장의 동사가 없는 형태의 문제가 많이 출제된다.

Example >>

The original Farmer's Almanac, published in 1782, _____ such almanac in the nation.

    (A) which was the first
    (B) it was the first
    (C) was the first
    (D) and it was the first

해설 >>  Ⓐ which가 형용사절을 이끄는 문장으로 주절의 동사가 없다. 여기서 published 는 콤마와 콤마 사이에 위치한 분사다.
Ⓑ 앞에 나온 Farmer's Almanac과 it이 이중 주어 형태이므로 틀린 문장이다.
Ⓓ Ⓑ와 비슷한 경우로 이중 주어 구조로서 it이 지칭하는 명사가 없다.
정답 Ⓒ


### 3. 주어와 동사가 모두 없는 경우

문장에 필수적인 주어와 동사가 없는 문장으로 뒤에는 보어나 목적어 또는 수식어구만 있는 형태다.

**Example >>**

_____ the Academy Award ceremonies to dramatize the plight of the American Indian.

Ⓐ Marlon Brando to boycott
Ⓑ Marlon Brando boycotted
Ⓒ Marlon Brando boycotting
Ⓓ Marlon Brando, who boycotted

해설 >>  Ⓐ to부정사는 문장의 동사가 될 수 없다.
Ⓒ 현재 분사가 동사 역할을 할 수 없다.
Ⓓ 동사 boycotted가 있지만 who에 연결되어 있으므로 주절의 동사가 부족하다.
정답 Ⓑ


### 4. there + be가 들어가야 하는 경우

주어 + 동사를 이루는 특수한 형태로, 이 때의 be동사는 완전 자동사이다.

▶ wrong : Jewels are in many colors.
▶ correct : There are jewels in many colors.
      Jewels exist in many colors.

**Example >>**

_____ great gap in our knowledge of quasars.

- (A) It is a
- (B) There is a
- (C) That there is
- (D) Although it is

해설 >>  (A) Formal language에서는 가주어나 가목적어의 it이 to부정사와 that이 이끄는 명사절만을 받을 수 있다.
(C) 접속사 that이 필요하지 않다.
(D) 부사 접속사 Although가 필요하지 않을 뿐만 아니라 it도 (A) 에서 설명한 것처럼 부적당하다.
정답 (B)

## 5. 전치사구가 빠진 경우
완전한 문장 구조에서 그것을 수식하는 부분을 찾는 문제 유형이다.

**Example >>**

_____ , the Wright brothers successfully flew their airplane.

- (A) The century was beginning
- (B) It was the beginning of the century
- (C) At the beginning of the century
- (D) The beginning of the century

해설 >>  (A) 문장에 이미 주어와 동사가 있다.
(B) It~that 강조 구문으로 본다 해도 the beginning 앞에 전치사가 있어야 하며 the Wright 앞에 콤마(,)가 있어서 강조 구문이 될 수 없다.
(D) 명사와 명사가 연결되려면 동격의 형태나 전치사가 필요하다.
정답 (C)

## 6. 명사 수식어구가 빠진 경우

문장의 주어와 동사가 다 있는 경우에 주어의 수식어구를 찾는 유형으로 이러한 것에는 한정어(관사, 지시어, 소유 형용사)와 형용사 등이 포함된다.

**Example >>**

_____ origin of the modern book is quite recent.

      Ⓐ That the
      Ⓑ The
      Ⓒ Since the
      Ⓓ There is the

**해설 >>** Ⓐ That을 접속사로 보면 V−1=〉〈공식에 모순되어 동사의 개수가 부족하며 that을 지시 형용사로 보면 관사 the와 같이 한정어로 쓰이게 된다. 하나의 명사에는 하나의 한정어만 쓰여야 한다.
    Ⓒ since를 접속사로 보거나 전치사로 본다 해도 문장의 주어, 동사가 없으므로 정답이 될 수 없다.
    Ⓓ 이미 동사 is가 있으므로 there is 형태는 쓸 수 없다.
정답 Ⓑ

## 7. 보어나 목적어에 관계된 경우

보어나 목적어가 없든지, 아니면 그 일부분이 없는 경우의 문제 유형이다. 특히 하이픈(−)으로 연결되는 복합 형용사가 명사 수식을 위해 필요하거나 no, not, none, never 등의 구별을 필요로 하는 문제가 많이 출제된다.

**Example >>**

Cattle are _____ animals.

　　Ⓐ grass-eating
　　Ⓑ eating grass
　　Ⓒ grass they eat
　　Ⓓ to eat grass

해설 >> Ⓑ eating이 앞의 be동사 are와 연결되어 진행형을 이루고 있지만 명사 grass와 명사 animal은 연결될 수 없다.
　　　Ⓒ 주어, 동사가 두 번씩 나오므로 접속사가 필요하다(V−1=)〈 공식).
　　　Ⓓ Ⓑ와 비슷한 경우이다.
　　정답 Ⓐ

Structure Type_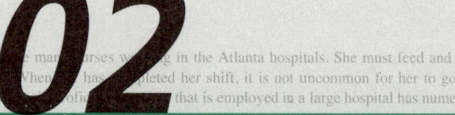

# 복문(Complex Sentence)

### 1 경향과 대책

복문에 대한 시험 문제는 주절과 종속절의 구성에 따른 접속사의 선택에 관한 것으로 Structure type 문제에서 자주 출제되는 유형이다. 복문은 그 명칭에서 알 수 있듯이 종류도 다양하고 그 구조도 복잡하다. 따라서 복문의 이해는 곧 Structure type 문제를 해결할 수 있음을 의미한다.

### 2 문법 설명 및 출제 유형

복문은 주절과 종속절로 이루어지고 종속절의 종류에 따라 부사절, 형용사절 및 명사절로 나뉘는데, 각기 다음과 같은 특징이 있다.

#### 1. 부사절

부사절의 기능은 부사와 같기 때문에 뜻만 가질 뿐 주절의 구성에는 영향을 미치지 못한다. 즉 의미는 종속되어 있지만 구조는 독립되어 있다.

▶ <u>Because</u> he tells a lie, he is a liar.
      종속절       주절

위 예문의 종속절의 구조를 살펴보면 he tells a lie가 주어 + 동사 + 목적어로 완전한 구조를 이루고 있으므로 그 자체로서 독립절을 이룰 수 있다. 따라서 주절과 종속절 모두 구조적으로는 단독으로 쓰일 수 있지만 의미적으로는 종속 관계를 갖고 있다.

부사절의 또 다른 특징은 종속절에서 시작되면 주절 앞에 콤마(,)가 있다는 것이다. 실제로 문제를 풀 때 많은 도움이 된다.

**Example >>**

_____ show the relations among neurons, they do not preclude the possibility that other aspects are important.

- Ⓐ Neural theories
- Ⓑ A neural theory
- Ⓒ Although neural theories
- Ⓓ That neural theories

**해설 >>** 동사가 세 개 있으므로 접속사가 두 개 필요한데 주어진 문장에는 접속사가 한 개밖에 없다. 따라서 보기 중에서 접속사가 있는 것을 선택해야 한다. 그러므로 Ⓐ와 Ⓑ는 답이 될 수 없고, Ⓒ와 Ⓓ 중에서 주절이 시작되기 전에 콤마(,)가 있으므로 필요한 접속사는 부사 접속사임을 알 수 있다.

정답 Ⓒ

## 2. 형용사절

형용사절을 관계 대명사절이라고도 하는데 기능적으로 볼 때 주절 내의 선행사(명사)를 수식하므로 형용사절이라고 한다. 관계 부사절은 주절 내의 명사를 수식한다는 점에서 형용사절로 분류할 수도 있으나, 구조적으로는 부사절과 같다. 형용사절을 구조적으로 분석해 보면 주절은 그 구성 성분이 다 있으나, 종속절은 주어나 목적어(전치사의 목적어 포함) 또는 보어가 빠져 있다.

▶ <u>I know the man</u> who <u>tells a lie.</u>
      주절                      종속절

주절 I know the man은 주어 + 동사 + 목적어 형태로 그 구성 성분을 갖추고 있어 단독으로 쓰일 수 있으나 종속절 tells a lie는 주어가 없는 형태이므로 단독으로 쓰일 수 없다. 이런 구조가 이루어지는 이유는 관계 대명사절을 구성할 때 주절에 있는 어느 하나의 명사와 같은 내용의 명사가 관계 대명사로 바뀌기 때문이다.

**Example >>**

Pasteurization is a heating process _____ bacteria in milk.

　　　Ⓐ kills
　　　Ⓑ that kills
　　　Ⓒ because kills
　　　Ⓓ that it kills

해설 >> Ⓐ 문장에는 이미 주어와 동사가 있으므로 동사가 접속사 없이 나올 수 없다.
　　　Ⓑ 주절의 process와 종속절의 process가 같으므로 종속절의 process가 관계 대명사 that으로 전환된 형태이다.
　　　Ⓒ because는 부사절을 이끌기 때문에 주어가 필요하다.
　　　Ⓓ that은 명사절을 이끌고 종속절 내의 it의 지칭이 명확하지 않기 때문에 앞의 process와 동격이 될 수 없다.
　　　주절과 종속절 모두 완전한 것은 부사절의 형태, 명사절은 주절의 문장 성분 중 하나가 빠져야 되는데 빠진 것이 없다.
　　　정답 Ⓑ

## 3. 명사절

명사절의 기능은 명사와 같기 때문에 주절의 명사 기능을 대신할 수 있다. 즉 주어의 역할을 하거나 목적어 또는 보어의 역할을 할 수 있다. 따라서 주절은 독립적으로 쓰일 수 없고 종속절은 독립적으로 쓰일 수 있다.

▶ I know [that] he is a liar.
　　주절　　　　종속절

주절 I know에는 know에 대한 목적어가 없다. 이것은 종속절 that he is a liar가 목적어 역할을 대신 하고 있다. 이와 같은 명사절을 이끄는 접속사에는 that, how, what, where, when 등이 있는데 이 중에서 what은 독특한 형태를 갖는다.

▶ [what] he said was a lie.
　　종속절　　　주절

주절 was a lie는 주어가 없어서 단독으로 쓰일 수 없고, 종속절 what he said 역시 said에 대한 목적어가 없다. 이러한 구조는 what에 이미 선행사가 포함되어 있기 때문에 종속절의 성분 중에 주어나 목적어 또는 보어가 빠져 있고, 주절 역시 what절이 명사 역할을 대신하므로 그 구조가 완전하지 못하다.

## Example 1 >>

_____ within the algae began very early is evident.

- Ⓐ Since evolution
- Ⓑ There was evolution
- Ⓒ That evolution
- Ⓓ Evolution

해설 >> Ⓐ Since는 부사 접속사이기 때문에 주절과 종속절의 구조가 완전해야 하는데 여기에서는 is의 주어가 없다.
Ⓑ 접속사 없이 동사가 연결될 수는 없다.
Ⓒ is의 주어 역할을 that에 의한 명사절이 하고 있다.
Ⓓ 접속사가 없다.
정답 Ⓒ

## Example 2 >>

_____ would be a fairly long speech in a play is often presented as a recitative in an opera.

- Ⓐ That
- Ⓑ There
- Ⓒ It
- Ⓓ What

해설 >> Ⓐ 문장에 동사가 두 개이므로 접속사가 필요하지만 That은 would be의 주어 역할까지는 할 수 없다.
Ⓑ 접속사가 부족하다.
Ⓒ 접속사가 부족하다.

ⓓ what은 would be의 주어 역할을 하면서 명사절을 이끌어 is often presented 의 주어 역할도 할 수 있다.

정답 ⓓ

도표로 살펴보면 다음과 같다.

|  | 부사절 | 형용사절 | 명사절 | what |
|---|---|---|---|---|
| 주절 | ○ | ○ | × | × |
| 종속절 | ○ | × | ○ | × |

○ : 모든 성분이 다 있음   × : 성분 중 하나가 빠졌음

*Structure Type_* **03**

# 연결어(Connectors)

### 1 경향과 대책

문장이나 구 또는 단어를 연결할 때 쓰이는 연결어에는 기본적으로 접속사와 전치사가 있고 그 밖에 준동사(to부정사, 동명사, 분사)와 동격 등이 있다. Structure type 문제는 구조에 대한 문제이기 때문에 연결어는 상당히 중요한 위치를 차지한다. 출제 빈도수에서도 거의 복문의 출제 빈도수와 비슷하다.

### 2 문법 설명 및 출제 유형

#### 1. 전치사

Structure type 문제에서는 Written Expression type의 문제들과는 달리 전치사의 종류와 그 의미보다는 단어와 단어, 또는 문장과 단어를 연결하는 기능에 대해서만 묻는다. 기본적으로 전치사구는 전치사가 명사와 같이 쓰여 부사구의 역할을 하거나 한정적 형용사의 역할을 하므로 수식어구로 쓸 수 있다. 전체 구조를 살펴볼 때는 전치사구를 염두에 두지 않는 것이 간단할 때가 있다.

▶ For three weeks at the beginning of the semester students with fewer than the maximum number of units can add additional courses.

이러한 문장에서 전치사구를 다 빼면 students can add additional courses만 남게 되므로 그 구조를 쉽게 파악할 수 있다.
다음 예문을 통하여 전치사 문제의 기본 유형을 살펴보자.

**Example >>**

Bill Cosby received the Emmy Award _____ the Best Drama Actor in 1965.

  Ⓐ for
  Ⓑ and
  Ⓒ was
  Ⓓ in fact

해설 >>   Ⓐ the Emmy Award와 the Best Drama Actor를 연결한다.
   Ⓑ and 앞뒤 두 개의 명사가 대등한 관계가 아니므로 and로 연결할 수 없다.
   Ⓒ received라는 동사가 이미 있다.
   Ⓓ in fact의 in은 Award와 fact라는 두 명사의 충돌을 막을 수 있으나, fact와 the Best Drama Actor 사이의 충돌을 막을 수 없다.
   정답 Ⓐ

## 2. 동격

앞에서 살펴보았던 전치사에 의한 연결과는 달리 동격에 의한 연결은 두 개의 명사가 같은 것을 의미할 때 쓰이는 방법이다.

TOEFL 문법 문제의 문장들은 거의 대부분 하나의 문장으로 이루어져 있기 때문에 명확하지 않은 대명사나 고유 명사 또는 학술적 용어를 보충 설명 없이 사용할 수 없다. 따라서 이러한 고유 명사나 학술적 용어의 보충 설명은 동격을 이용한다. 이 때 동격의 구조는 명사나 명사구를 이룬다.

▶ Sally, the best student in the class, got an A on the exam.
   고유 명사         └─▶ 동격 : 명사구로 보충 설명

### Example >>

_____ , Lois Weber either wrote or adapted all but seven of hundreds of films that she produced.

      Ⓐ A prolific writer that
      Ⓑ She was a prolific writer
      Ⓒ A prolific writer
      Ⓓ A writer as prolific as

해설 >>  Ⓐ 접속사가 필요하지 않다.
        Ⓑ 주어, 동사가 접속사 없이 나올 수 없다.
        Ⓒ Lois Weber라는 고유 명사를 보충 설명한다.
        Ⓓ as prolific as 다음에 오는 콤마(,) 때문에 연결이 안 된다.
        정답 Ⓒ

### 3. 상관 접속사

상관 접속사 역시 중요한 연결어 기능을 갖는다. 상관 접속사의 구조는 병치 구조를 이루어야 한다는 것이 중요하다. 상관 접속사의 종류 및 그 구조는 해당 부분에서 다시 다룰 것이므로 여기에서는 예문을 통하여 기본 유형을 익히자.

### Example >>

The pigment in a paint not only creates a decorative and functional color _____ affects the mechanical properties of the paint.

      Ⓐ and then
      Ⓑ that
      Ⓒ but also
      Ⓓ or

해설 >> 문제 중에 not only가 있으므로 그에 대응하는 but also를 찾으면 된다. not only와 but also는 각각 동사 creates와 affects를 연결한다.
        정답 Ⓒ

## 4. 준동사

준동사는 문법적, 의미적으로 상당히 중요하지만 TOEFL에서는 to부정사와 분사의 구별 또는 분사 구문의 이해에 관한 문제가 출제된다.

### Example >>

_____ the silkworm produces a fluid internally and then forces it out through tiny holes in its body.

- Ⓐ It makes silk and
- Ⓑ Making silk,
- Ⓒ To make silk,
- Ⓓ Silk is made by

해설 >> Ⓐ It이 지시하는 것이 명확하지 않고 연결어 역시 A and B and C 형태로 쓰이지 않는다.
Ⓑ 문장 맨 앞에 있는 현재 분사는 '~하는', 또는 '~한'으로 해석되는데 이 경우에는 주어와의 관계로 볼 때 적합하지 않다.
Ⓒ 문장 맨 앞의 To부정사는 문장의 주어가 따로 존재할 때 거의 대부분이 부사적 용법의 목적 형태로 '~을 위하여'로 해석된다.
Ⓓ 문장에 이미 주어가 있다.
정답 Ⓒ

### Example >>

While staying in Florence, Italy, in 1894, _____ that she had a talent for sculpture and began taking lessons.

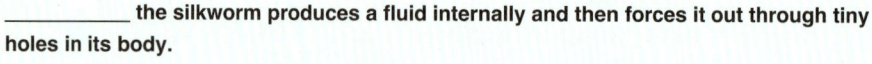

- Ⓐ philanthropist Winifred Holt discovered
- Ⓑ that the philanthropist Winifred Holt discovered
- Ⓒ discovered by philanthropist Winifred Holt
- Ⓓ there philanthropist Winifred Holt discovered

해설 >> While staying에 대한 주체, 즉 사람 주어를 찾는 유형이므로 Ⓐ만이 답이 될 수 있다.
정답 Ⓐ

**Structure Type_ 04**

# 병치 구조(Parallel Structure)

### 1 경향과 대책

병치 구조 역시 구조론에서 중요한 부분임에도 불구하고 이제까지의 문법책들에서는 소홀히 다루어져 온 것이 사실이다. Structure type 문제뿐만 아니라 Written Expression type 문제에서의 출제 빈도를 고려한다면 그 중요도는 매우 크다.

### 2 문법 설명 및 출제 유형

#### 1. 등위 접속사

등위 접속사에는 and, but, or 등이 있는데 이러한 접속사로 연결되는 부분은 병치 구조를 이루어야 한다. 넓은 의미에서 중문도 이 범주에 속한다.

**Example >>**

Sidne Lanier was most famous for his poetry, but _____ a school teacher, a literary critic, and a musician.

    Ⓐ was including
    Ⓑ he was also
    Ⓒ moreover he
    Ⓓ together with

**해설 >>** but에 의해 연결되는 구조로서 but 앞에 콤마(,)가 있으므로 앞의 절과 대등한 다른 절이 연결되어야 한다.
정답 Ⓑ

## 2. 상관 접속사에 의한 병치 구조

상관 접속사는 연결어에 관한 문제뿐 아니라 병치 구조에도 이용된다.

**Example >>**

_____ the surface of metal, but also weakens it.

Ⓐ Not only does rust corrode
Ⓑ Not only rust corrdes
Ⓒ Rust, which not only corrodes
Ⓓ Rust not only corrodes

**해설 >>** 얼핏 보기에는 Ⓐ 같지만 but also 이하 구조를 살펴보면 동사 weakens부터 연결되므로 not only도 동사를 연결해야 한다. Ⓐ는 주어를 포함한 절 전체를 연결하므로 병치 구조가 될 수 없다.

정답 Ⓓ


## 3. A, B, and C의 병치 구조

A, B, and C는 가장 많이 나오는 형태로 각기 같은 형태를 취해야 한다. A, B, and C 구조로 연결될 수 있는 것은 단어나 구, 절까지 가능하다.

**Example >>**

In the alpine tundra, the summer sunshine is intense, winds are prevalent, _____ highly variable.

Ⓐ with precipitation
Ⓑ precipitation being
Ⓒ that the precipitation is
Ⓓ and the precipitation is

**해설 >>** the summer sunshine is intense와 winds are prevalent가 A, B, and C 구조의 A, B에 해당되므로 빈칸에는 and C에 해당되는 절이 오면 된다.

정답 Ⓓ

## 4. 비교의 병치 구조

Written Expression type 문제에서 비교급에 대한 문제는 주로 형태를 묻지만 Structure type에서는 거의 모든 문제가 병치 구조의 여부를 묻는 것들이다.

as 원급 as의 원급 비교나 비교급 than의 병치 구조에 유의해야 한다. 특히 이중 비교급의 문제가 자주 출제된다.

**Example >>**

The stronger _____ magnet, the greater the number of lines of magnetic force.

- Ⓐ of
- Ⓑ the
- Ⓒ is the
- Ⓓ is of the

**해설 >>** the greater 다음의 구조가 명사구 형태이므로 The stronger 다음에도 명사가 와야 한다. 이중 비교급에서는 주어와 동사가 없어도 병치 구조만 성립되면 된다.

정답 Ⓑ

# Structure Type_05

# 어순 (Word Order)

### 1 경향과 대책

절에서의 주어와 동사의 순서, 빈도 부사의 위치, 수식 관계 등에 관한 문제 유형으로 난이도에 따라 대체로 출제되는 유형이 정해져 있다. 고난이도 출제 유형인 주어, 동사의 도치에 특히 유의해야 한다.

### 2 문법 설명 및 출제 유형

#### 1. wh- 절에서의 주어, 동사의 순서

TOEFL 문법에서는 문어체에 관한 문제들이 출제되기 때문에 의문사로 시작되는 문장은 거의 없다. wh- 구문이 의문 대명사에 의한 것이든 관계 대명사에 의한 것이든, 또는 명사 접속사에 의한 것이든 wh- 구문이 직접 의문문이 아니면 도치가 일어나지 않는다.

**Example >>**

Caves and hollow trees are not the only places _____ .

Ⓐ where do bats live
Ⓑ bats live where
Ⓒ where bats live
Ⓓ live where bats

**해설 >>** Ⓐ 주어 동사의 순서가 바뀌었다.
Ⓑ 접속사 없이 주어, 동사가 연결되었고 where의 위치도 적합하지 않다.

ⓓ ⓑ와 같은 형식으로 적합하지 않다.
정답 ⓒ

## 2. 빈도 부사의 위치

문장에서 'How often?' 에 대한 답이 되는 부사의 위치를 묻는 유형이다. 빈도 부사의 위치는 be동사 다음, 조동사와 본동사 사이, 또는 일반 동사 앞에 위치한다.

### Example >>

Since an owl's ears are widely separated, _____ a slight difference in the time it takes for a sound to reach each ear.

ⓐ is there usually
ⓑ there is usually
ⓒ usually is there
ⓓ is usually there

**해설 >>** 빈도 부사 usually는 be동사 다음에 위치하고 there은 유도 부사로 be동사 앞에 위치한다.
정답 ⓑ

## 3. 수식 관계

문제의 보기에서 3~4개 정도의 단어가 순서만 바뀌어 배열되어 있다면 그것은 단어들 사이의 수식 관계를 묻는 것이다.

### Example >>

What percentage of the populace is aware that in _____ company the directors hold only a small fraction of its shares?

ⓐ a public typical
ⓑ a typical public
ⓒ typical a public
ⓓ public typical a

해설 >> 전치사 in과 명사 company 사이에 올 수 있는 구조는 '관사 + 형용사 + 형용사' 순서이어야 한다. 따라서 ⓒ 와 ⓓ 는 답이 될 수 없다. ⓐ 와 ⓑ 는 형용사의 순서만 다른데, 이 경우에 public이 company를 꾸며 새로운 명사가 되고 그것을 typical이 다시 수식하는 형태를 취해야 한다.

정답 Ⓑ


### 4. 도치

주어와 동사의 순서가 바뀌는 형태로 주로 난이도가 가장 높은 문제로 출제된다. 그 종류에는 ①부정 부사어구(not until, seldom, hardly, etc.)가 문장의 맨 앞에 올 때, ② only + 시간 표시어구(only after, only once, etc.)가 문장의 맨 앞에 올 때, ③ 장소를 나타내는 전치사구가 문장의 맨 앞에 오고 동사가 자동사일 때, ④ 가정법에서 if가 생략될 때, ⑤ so, little, such, few가 명사를 수식하지 않은 상태로 문장의 맨 앞에 올 때 등이 있다.

**Example >>**

Only rarely _____ neuroses leave a person unable to function in everyday situations.

Ⓐ had
Ⓑ are
Ⓒ do
Ⓓ that

해설 >> only 다음에 시간 표시어구가 부정적 의미로 쓰였으므로 주어, 동사의 도치가 일어난다. 이 경우 leave가 일반 동사이므로 조동사가 있는 것이 답이다.

정답 Ⓒ

# Chapter II

**Written Expression Type** 문제 유형

**Written Expression Type_ 01**

# 주어와 동사(Subject and Verb)

**출제유형** 주어와 동사에 관한 문제는 빈번히 출제되고 있는데 다음과 같은 4가지 세부적인 출제 형식이 있다.

### 1. 주어의 반복
명사 주어가 이미 있고 동사가 나오기 전에 없어도 되는 대명사가 나와 있는 경우이다.

**Example >>**

The nautilus it adds a new chamber to its shell each time it outgrows its old one.
　　　　　Ⓐ　　　　　　　　　　　Ⓑ　　　　　　　Ⓒ　　　　Ⓓ

**해설 >>** The nautilus 주어와 adds 동사 사이에 없어도 될 대명사 it이 쓰였다.
정답 Ⓐ

### 2. 주어가 빠진 경우
문장에 동사만 있고 주어가 없는 경우인데, 주로 부사 접속사 when이나 so that이 이끄는 종속절에서 많이 나타난다.

045

**Example >>**

Author Sarch Orne Jewett published her first story when was nineteen years old.
   Ⓐ                            Ⓑ                  Ⓒ            Ⓓ

**해설 >>** when은 부사절을 이끌기 때문에 동사 was의 주어 없이는 올바른 문장 구조가 될 수 없다. when과 was 사이에는 Sarch Orne Jewett를 받는 대명사 she가 있어야 한다.

정답 Ⓒ

### 3. 동사가 빠진 경우
문장에 반드시 필요한 요소가 동사인데 종종 동사가 빠진 상태로 출제되는 경우가 있다. 주로 동사 대신에 형용사나 분사형이 be동사 없이 쓰이는 경우가 많다.

**Example >>**

Philosophers commonly reliable on argument to support their own theories and to refute
                             Ⓐ                     Ⓑ      Ⓒ                   Ⓓ
the theories of others.

**해설 >>** 문장에 동사가 없으므로 네 개의 밑줄쳐진 부분 중 동사가 되어야 할 부분은 Ⓐ의 reliable이다. 주어가 philosophers이므로 reliable은 rely로 바꾸어야 한다.

정답 Ⓐ

## 4. 불규칙 동사 문제

규칙 동사는 동일한 형태(-ed)로 과거와 과거 분사를 만드는 반면에 불규칙 동사는 다른 형태의 과거, 과거 분사형이 된다.

**Example >>**

The carbohydrates, proteins, and fats in food are breaked down into simpler forms in the
　　　　　　　　　　　　　　　　　　Ⓐ　　　　Ⓑ　　　Ⓒ　　Ⓓ
digestive tract.

**해설 >>** 동사 break의 과거, 과거 분사는 각각 broke와 broken이다. 앞에 be동사 are가 있으므로 그 뒤에 나오는 동사는 과거 분사형이 되어야 한다. 따라서 breaked는 broken으로 바꾸어야 한다.

정답 Ⓑ

*Written Expression Type_* **02**

# 수 일치(Number Agreement)

**출제유형** 수 일치에 관한 문제도 자주 출제된다. 영어가 갖는 특징 중에 하나인 주어가 3인칭 단수 현재인 경우 동사에 '-s'를 붙여야 하는 규칙에 관한 문제이다. 앞에서 살펴본 주어, 동사의 문제와 마찬가지로 주어 다음에 오는 전치사구나 동격 등에 유의하면 된다. 다만 주어가 부분을 나타내는 말인 경우(all, some, none, majority, most, half, percent, 분수 등)에는 전치사구에 있는 명사의 수에 따라 동사의 수가 결정된다는 것을 주의해야 한다.

**Example 1 >>**

The <u>great digital</u> advances of the electronic age, such as intergrated <u>circuitry</u> and a
　　　　(A)　　　　　　　　　　　　　　　　　　　　　　　　(B)
microcomputer, <u>has</u> been <u>planted</u> in tiny chips.
　　　　　　　(C)　　　　(D)

**해설 >>** 주어가 advances이므로 동사는 have가 되어야 한다. 이 때 of the electronic age 와 동사 has 사이에 있는 such as ~ microcomputer부분은 전치사구와 삽입구이 므로 동사의 수에 영향을 주지 않는다.
정답 ⓒ

**Example 2 >>**

Nearly half of the ancient meteor craters has been found in central and eastern Canadas.
  Ⓐ           Ⓑ                  Ⓒ                           Ⓓ

**해설 >>** half는 부분을 나타내는 말이므로 of 다음에 나오는 명사 craters의 수에 따라 동사의 수가 결정된다. 따라서 동사는 has가 아니라 have가 되어야 한다.
정답 Ⓒ

**Written Expression Type_03**

# 단어의 형태(Word Form)

**출제유형** Written Expression type 문제들 중에서 가장 많이 나오는 유형 가운데 하나이다. 이 유형을 푸는 요령은 단어가 위치한 자리에 주의를 하는 것이다. 예를 들어 관사가 있거나 전치사가 있을 때 그 뒤에는 명사(또는 명사 상당어구)가 와야 한다. 또한 조동사가 있으면 그 뒤에 오는 동사는 동사 원형이어야 하고, be동사 다음에는 과거 분사나 현재 분사 형태의 동사가 와야 한다. 기본적으로 부사, 형용사 및 명사의 상관 관계에 대한 문제가 가장 많이 출제되지만, 일반 명사와 사람을 지칭하는 명사의 구별, 명사와 동명사의 쓰임의 차이 등에 관한 문제도 빈번히 출제된다.

### Example 1 >>

Ships can only <u>reach</u> Antarctica during a <u>relatively short</u> period because of the <u>extreme</u>
      (A)       (B)        (C)
<u>cold</u> conditions.
(D)

**해설 >>** the와 conditions 사이에 오는 cold는 명사 conditions를 수식하므로 형용사형이 와야 하지만 형용사 cold를 수식하기 위해서는 extreme이 부사 형태인 extremely로 바뀌어야 한다.
   정답 Ⓒ

**Example 2 >>**

Battin Bay <u>played</u> an <u>important</u> role in the <u>explorer</u> of North America by Europeans
               Ⓐ        Ⓑ               Ⓒ
seeking a <u>trade route</u> to India.
          Ⓓ

**해설 >>** 사람을 지칭하는 명사와 일반 명사의 구별을 묻는 문제로 Ⓒ 의 explorer(탐험가) 대신에 exploration(탐험)이 와야 한다.

정답 Ⓒ

**Written Expression Type_04**

# 어순(Word Order)

**출제유형** Written Expression type에서 어순 문제는 그 형태상 Structure type과는 다르다. Structure type 문제에서는 주로 주어와 동사의 도치 문제가 다루어지지만 Written Expression type 문제에서는 단어들간의 수식 관계에 의한 어순 문제가 출제된다. 특히 동사, 부사, 형용사 및 명사 사이의 수식 관계에 유의해야 한다. 출제 빈도는 Structure type 문제와 비슷하다.

**Example >>**

In 1882 Schuyler Skaats Wheeler <u>invented</u> the <u>fan electric</u>, a <u>propellor driven</u> by <u>a motor</u>.
                                 Ⓐ          Ⓑ            Ⓒ       Ⓓ

**해설 >>** 일반적으로 수식어가 피수식어 앞에 위치한다. electric이 형용사이고 fan이 명사이므로 그 순서는 electric fan 형태가 되어야 한다. 이 때 fan과 propellor는 동격 구조를 이룬다.

정답 Ⓑ

# Written Expression Type_05

# 연결어(Connectors)

**출제유형** 연결어에는 접속사, 전치사, 준동사(to부정사, 동명사, 분사) 등이 있는데 Written Expression type 문제에서는 등위 접속사의 쓰임에 대한 문제(예 : and와 but의 의미적 쓰임의 차이), 상관 접속사 및 전치사의 쓰임에 관한 문제 등이 자주 출제된다. 특히 전치사 문제의 경우 Structure type에서는 명사와 명사를 연결하는 근본적 쓰임을 묻는 것인데 반해, Written Expression type에서는 전치사의 의미와 숙어에서 쓰이는 종류를 묻는다. 하지만 어려운 숙어보다는 기본적인 숙어에 대해 묻는 경우가 많기 때문에 기출 문제 중심으로 숙어 공부를 하는 것이 필요하다.
이 밖에도 like와 alike의 구별, such as 문제, the same as 및 so ~that 구문에서 so 대신에 too나 very가 오는 경우 등이 있다.

**Example 1 >>**

A marionette is <u>controlled by</u> <u>means strings</u> <u>connected</u> <u>to</u> wooden bars.
     (A)   (B)  (C) (D)

**해설 >>** 명사 means와 명사 strings의 연결이 자연스럽지 못하고 앞에 by가 있으므로 by means of의 전치사구가 되어야 한다.
   정답 (B)

### Example 2 >>

Gold <u>can be hammered</u> into <u>leaves</u> <u>too</u> thin that they are <u>almost</u> transparent.
　　　　Ⓐ　　　　　　　Ⓑ　Ⓒ　　　　　　　　Ⓓ

**해설 >>** too 다음에 to부정사의 형태가 아니고 that절이 있으므로 too 대신에 so가 와야 한다. 답은 아니지만 Ⓐ 의 형태에도 유의해야 한다. 시험 문제에는 can be 다음에 과거 분사형 대신에 동사 원형이 오는 문제가 많이 출제된다.
　　　정답 Ⓒ


### Example 3 >>

<u>The streams</u> of Nevada's Great Basin have no <u>outlet to</u> the sea : they either dry up <u>and</u>
　　Ⓐ　　　　　　　　　　　　　　　　Ⓑ　　　　　　　　　　　　Ⓒ
empty <u>into</u> one of the basin's lakes, where they evaporate.
　　　Ⓓ

**해설 >>** 앞쪽에 either가 있으므로 and 대신에 or이 있어야 한다.
　　　정답 Ⓒ

*Written Expression Type*_ **06**

# 준동사(Verbal)

**출제유형** Structure type 문제에서는 연결어 가운데 준동사를 다루었지만, Written Expression type 문제에서는 출제 형태가 다르기 때문에 다른 식으로 접근해야 한다. 준동사에는 to부정사, 동명사, 분사 등 3가지 형태가 있지만 주로 현재 분사와 과거 분사의 쓰임에 대해 묻는 문제가 출제된다.

분사 문제를 푸는 요령은 현재 분사의 기능과 과거 분사의 기능을 비교, 파악하는 것이다. 현재 분사는 자동사일 때 진행의 의미를 나타내고 타동사일 때는 능동의 의미를 나타낸다. 과거 분사의 경우에는 자동사일 때 상태 및 완료를 뜻하고, 타동사에서는 수동적 의미를 갖는다.

**Example >>**

A manifest is an itemizing list of the goods or passengers a vessel is carrying.
　　　　　Ⓐ　　Ⓑ　　　　　Ⓒ　　　　　　　　　　　　Ⓓ

**해설 >>** itemizing과 list의 관계를 살펴보면 명사 list 자체가 itemizing할 수 있는 능동적 관계를 가질 수 없다. 따라서 itemized가 되어야 한다.
정답 Ⓑ

**Written Expression Type_07**

# 대명사(Pronoun)

**출제유형**  대명사의 문제 유형에는 앞에 나온 명사와의 수 일치에 관한 것과 격에 관계된 문제 및 대명사(관계 대명사 포함)의 잘못된 지칭에 관한 것들이 있다. 비교적 빈번히 출제되는 유형이다.
다음의 예문들은 수 일치, 격 일치 및 지칭에 관계된 것들이다.

## Example 1 >>

The violinist Carroll Glenn, famous for <u>their</u> performances of American <u>music</u>,
　　　　　　　　　　　　　　　　　　　Ⓐ　　　　　　　　　　　　　　　　Ⓑ
was <u>the youngest</u> student to be <u>admitted</u> to the Juilliard School.
　　　　Ⓒ　　　　　　　　　　　Ⓓ

**해설 >>** their가 her로 바뀌어야 한다. 이 때 대명사는 앞에 나온 Carroll Glenn을 받기 때문에 복수형이 아니고 단수형의 소유 형용사가 와야 한다.
정답 Ⓐ

Example 2 >>

**After** Norman Rockwell sold his first cover picture to "The Saturday Evening Post",
     Ⓐ
he **began specializing** in pictures of small-town life **that** made **he** one of the most popular
         Ⓑ                                              Ⓒ       Ⓓ
American illustrators.

해설 >> made 다음에 올 수 있는 대명사의 형태는 목적격이다. 따라서 he가 아니라 him이
        되어야 한다.
        정답 Ⓓ


Example 3 >>

The conditions **who** have been **necessary** historically for commercial **trading** are a
               Ⓐ                  Ⓑ                                       Ⓒ
**transportation** system and a monetary system.
      Ⓓ

해설 >> 관계 대명사절의 선행사는 사람이 아닌 conditions이므로 관계 대명사도 who가
        아닌 which가 되어야 한다.
        정답 Ⓐ

**Written Expression Type_08**

# 비교급(Comparison)

**출제유형** 비교에 관한 기출 유형은 원급 비교, 비교급 비교 및 최상급 비교를 함께 썼을 때의 문제와 각각의 비교급의 형태를 잘못 쓴 유형으로 나눌 수 있다. 종종 any other + 단수 명사의 형태를 any other + 복수 명사나 any another + 단수 명사로 쓰거나 의미상 최상급이 쓰일 수 없는 곳에 쓰인 문제가 출제된다.

### Example 1 >>

The <u>more</u> fearsome of <u>all the animals</u> <u>in</u> the <u>Western</u> Hemisphere is the grizzly bear.
      Ⓐ             Ⓑ      Ⓒ    Ⓓ

**해설 >>** all the animals 구문이므로 비교급 more가 아니라 최상급 most이어야 한다.
        정답 Ⓐ

## Example 2 >>

**Former** United States President Herbert Hoover **lived longer** often the end of his term of
   Ⓐ                                                    Ⓑ

office **than** any **another** President.
       Ⓒ      Ⓓ

**해설 >>** 비교급 than 다음에 any another 단수 명사가 올 수 없다. 보통 another는 단수 명사를 쓰고 other 다음에는 복수 명사를 쓴다. 이 경우에는 이미 한정어 any가 앞에 있으므로 another가 아닌 other 형태가 되어야 한다.

정답 Ⓓ

# Written Expression Type_09

# 병치 구조(Parallelism)

**출제유형** Written Expression type 문제에서 병치 구조는 어형 문제(Word form)와 더불어 가장 많이 출제되는 유형이다. Structure type 문제와 마찬가지로 병치 구조의 기능을 하는 등위 접속사, 상관 접속사, 비교 및 A, B, and C 등으로 연결되는 구조가 서로 병치를 잘 이루고 있는지를 묻는다. 이중에서도 특히 A, B, and C의 병치 구조 문제가 가장 많이 출제된다. 다른 유형들도 그렇지만 특히 병치 구조 문제는 난이도가 분명하다. 예를 들어 난이도가 쉬운 문제는 단순히 A, B, and C에 놓이는 품사에 차이가 있는 형태이지만, 난이도가 높아지면 A, B, and C에 같은 품사가 놓인 상태에서 의미적 차이 때문에 병치 구조를 이루지 못하는 형태로 출제된다. 가령 artists, musicians, and sciences라는 구문에서 artists와 musicians는 사람을 지칭하는 반면에 sciences는 다른 것을 지칭하기 때문에 병치 구조를 이루지 못한다. 이런 경우에 sciences는 scientists가 되어야 한다. 이보다 더 높은 난이도에서는 같은 형태이지만 품사가 틀린 경우가 출제된다.

### Example 1 >>

Civilization **resulted** from the **ability** of human beings to control fire, cultivate crops,
  (A)    (B)    (C)
train animals, and **built** permanent homes.
      (D)

**해설** >> ⓓ 의 built가 앞의 control, cultivate 및 train 등과 병치 구조가 되려면 원형인 build가 되어야 한다.

정답 ⓓ

## Example 2 >>

Accurate meteorological predictions can be formulated using techniques derived from
ⓐ　　　　　　　　　　　　　ⓑ　　　　　　　　　　　　　　　　　　　　　　　ⓒ
chemicals, physics, and mathematics.
ⓓ

**해설 >>** chemicals나 physics, mathematics 모두 명사이지만 의미적으로 physics와 mathematics가 학과명을 나타내므로 chemicals도 chemistry가 되어야 한다.
정답 ⓓ


## Example 3 >>

Bankruptcy legislation is designed to provide an orderly and equitably liquidation of the
　　　　　　　　　　　　　　　ⓐ　　　　　ⓑ　　　　　　ⓒ　　　　　　ⓓ
estate of an insolvent debtor.

**해설 >>** ⓒ의 orderly와 ⓓ의 equitably는 -ly로 끝나서 부사처럼 보이지만, 그 뒤에 liquidation이 나오므로 형용사가 와야 한다. orderly는 명사 order에 -ly가 붙어 형용사로 쓰이지만 equitably는 equitable이라는 형용사에 -ly가 붙은 부사다. 따라서 여기에서는 equitable이라는 형용사가 쓰여야 한다.
정답 ⓓ

**Written Expression Type_10**

# 의미의 중복
# (Unnecessary Repetition)

**출제유형** 같은 의미를 갖는 단어가 두 번 이상 반복되는 경우를 말하는데 비교적 난이도가 높은 문제에 속한다. 평소에 자주 출제되는 단어를 중심으로 정리해 두면 쉽게 해결할 수 있다.

### Example >>

Booth Tarkington's writings <u>were</u> <u>very extremely</u> popular, <u>but</u> his conservative values
                                  Ⓐ        Ⓑ                  Ⓒ
<u>soon dated</u> his works.
   Ⓓ

**해설 >>** very와 extremely 둘 다 같은 의미이므로 반복하여 쓸 필요가 없다.
       정답 Ⓑ

*Written Expression Type_11*

# 관용어구(Usage)

**출제유형** 관용적 용법 문제도 자주 출제되는 문제인데, 그 유형을 분류해 보면 부정 관사 (a, an) 문제, 정관사(the) 문제, do동사 문제, other와 another 문제, 가산 명사와 불가산 명사 문제 및 비슷한 단어 형태의 문제 등이 있다.

## 1. 부정 관사

부정 관사 문제는 부정 관사 다음에 나오는 단어의 발음과 관련되어 a와 an의 구별을 묻는 문제 유형과 부정 관사가 있는 상태에서 명사가 복수형으로 나오는 문제 유형으로 나눌 수 있다.

**Example 1 >>**

Aufusta Savage was an significant sculptor during the Harlem Renaissance of the 1920's.
            (A)(B)                      (C)                 (D)

**해설 >>** significant는 모음 발음으로 시작하지 않기 때문에 an을 쓰지 않고 a를 써야 한다.
정답 (B)

**Example 2 >>**

Carrie Chapman Cart <u>contributed</u> a sophisticated <u>political sense</u>, a concentrated <u>personal</u>
       Ⓐ        Ⓑ        Ⓒ
drive, and an administrative <u>skills</u> to the cause of woman suffrage.
       Ⓓ

해설 >> an administrative와 연결되기 위해서는 단수형인 skill이 되어야 한다.
   정답 Ⓓ

## 2. 정관사

정관사에 대한 문법은 매우 복잡하고 다양하며 예외적인 경우가 많다. TOEFL 시험에서는 물질 명사나 추상 명사에 정관사가 붙지 않고, 유일무이한 명사에는 정관사를 붙여야 한다는 것을 묻는 문제가 주로 출제된다.

**Example >>**

<u>The group</u> of skyscrapers <u>known as</u> Rockefeller Center <u>is a masterpiece</u> <u>of the</u> simplicity.
  Ⓐ       Ⓑ        Ⓒ    Ⓓ

해설 >> simplicity는 추상 명사이므로 정관사 the가 붙을 수 없다.
   정답 Ⓓ

## 3. do동사와 관련된 숙어 문제

영어에는 do동사와 make나 take 동사를 이용한 숙어가 매우 많다. 때에 따라서는 make 나 take 등의 동사가 같은 단어에 쓰여 각기 다른 뜻으로 쓰일 수도 있다. 하지만 do동사는 거의 다른 동사와 함께 쓰이지 않으므로 자주 출제되는 문제 가운데 하나이다. 게다가 난이도가 높은 문제로 출제되기 때문에 Written Expression type 문제에 나오는 do동사에 특히 유의해야 한다.

Example >>

Group decisions can be done either consciously or unconsciously.
  Ⓐ                Ⓑ   Ⓒ                Ⓓ

해설 >> done의 형태는 수동태이기 때문에 목적어 위치에서 주어로 있는 decisions와는 연관성이 없다. make decisions 형태가 맞으므로 done은 made가 되어야 한다.
정답 Ⓑ

4. another와 other 문제
   another는 정해지지 않은 단수 명사와 쓰이고, other는 정해지지 않은 복수 명사와 쓰인다. the other와 the others는 각각 정해진 단수 명사와 복수 명사에 사용된다.

Example >>

Negotiable instruments such as personal checks may ordinarily be transferred to another
      Ⓐ                                                Ⓑ
people by endorsement.
  Ⓒ        Ⓓ

해설 >> another 다음에는 단수 명사가 와야 하므로 people이 person으로 바뀌어야 한다.
정답 Ⓒ

## 5. 셀 수 있는 명사와 셀 수 없는 명사 문제

가산 명사와 불가산 명사에 쓸 수 있는 수식어구나 한정어구가 다른 경우가 있다. 대표적으로 many와 much, few와 little이 있다.

### Example >>

The mandolin, a musical <u>instrument</u> <u>that has</u> strings, was probably copied <u>from</u> the lute,
　　　　　　　　　　　　(A)　　　　(B)　　　　　　　　　　　　　　　　　　(C)
<u>a many</u> older instrument.
(D)

**해설 >>** 만약 many가 올바르게 쓰였다면 뒤에 나온 명사 instrument는 복수형인 instruments가 되어야 한다. 하지만 instrument에 밑줄이 없으므로 many를 쓸 수는 없다. 이 경우 many 대신에 much가 쓰여 비교급 older를 수식해야 한다.

정답 (D)

## 6. 비슷한 단어 형태의 문제

비슷한 형태지만 단어의 의미나 그 쓰임이 다른 경우에 혼동을 일으킬 수 있다. 이러한 유형의 문제는 고난이도의 문제이지만 자주 출제되는 단어들이 정해져 있으므로, 평소에 연습을 통해서 대비해야 한다.

### Example >>

The <u>principle</u> reason for the <u>great amount</u> of pollution is that government does not take
　　　(A)　　　　　　　　　　　(B)
the lead <u>in passing</u> strong legislation against <u>it</u>.
　　　　　(C)　　　　　　　　　　　　　　　　　(D)

**해설 >>** principle은 명사로 '원리', '원칙'의 뜻이고 principal은 명사로는 '교장', 형용사로는 '중요한' 이란 뜻이다. 여기에서는 뒤에 명사 reason이 있으므로 명사 principle이 아닌 형용사 principal이 와야 한다.

정답 Ⓐ

# Chapter III

**Structure Type** 비법

## Structure Type_ 01

# V-1=X 공식으로 문제를 해결한다

**출제유형** 동사 개수 −1=접속사의 개수(V−1=◇) 공식은 아주 강력한 비법이다. 이 공식을 적용하면 여러 문제에서 직접적인 답을 찾지 못한다 해도 주어진 보기 중에서 한두 개는 소거시킬 수 있다.
기본적으로 접속사가 필요한 문장에는 동사의 개수보다 반드시 한 개 적은 접속사가 있어야 한다. 예를 들어 동사가 네 개 있다면 접속사는 세 개 있어야 한다.

### Example >>

_____ often considered both a science and an art.

- Ⓐ Navigation is
- Ⓑ It is navigation
- Ⓒ Navigation, which is
- Ⓓ Navigation that is

**해설 >>** 주어, 동사를 찾는 유형이다.
- Ⓑ often considered 앞에 which is가 생략된 형태로 본다 해도 It이 지칭하는 대상이 없다.
- Ⓒ which라는 접속사가 있으나 동사는 is considered 한 개만 있으므로 V−1=◇ 공식에 모순된다.
- Ⓓ Ⓒ와 마찬가지로 V−1=◇ 공식에 모순된다.

정답 Ⓐ

# Exercise >>

1. _____ within the algae began very early is evident.

   - (A) Evolution that was
   - (B) That evolution
   - (C) There was evolution
   - (D) Evolution

2. _____ created the donkey and elephant that symbolize the Democratic and Republican parties.

   - (A) Although Thomas Nast
   - (B) That Thomas Nast
   - (C) Thomas Nast, who
   - (D) It was Thomas Nast who

## Structure Type_02

# 전치사구는 삭제한다

**출제유형** 전치사구, 부사 및 한정적 형용사는 문장 구조를 이루는데 별다른 기능을 하지 못한다. 단지 수식 기능만 있기 때문에 구조론에 입각한 Structure type 문제에서는 크게 신경 쓸 필요가 없다.
문장 구조와 관계된 문장에서는 전치사구를 빼버리고 생각해야 풀기 쉽다. 전치사 + 명사(또는 대명사)는 기능적으로 부사구나 한정적 형용사구로 쓰기 때문에 수식 기능만 있을 뿐 문장 구조에는 영향을 주지 못한다.
다음의 연습을 통하여 비법을 익혀보자.

**연습 >>** 문장의 전치사구를 삭제한 후 문장 구조를 분석하라.

▶ 1. At the neighborhood flower shop, flowers in quantities of a half dozen can be delivered for free.
▶ 2. Shopping in the downtown area of the city it is much improved in recent years.
▶ 3. For the fever and headache took two aspirin tablets.

**해설 >>** 1. At __명사__ , flowers in __명사__ of __형용사/명사__ can be delivered for __명사__ .
　　주어 flowers와 동사 can be delivered가 문장의 구조를 이루고 있으므로 맞는 문장이다.

　　2. Shopping in __명사__ of __명사__ it is much improved in __명사__ .
　　주어 Shopping과 동사 is improved 사이에 it이 필요하지 않다.

　　3. For __명사__ and __명사__ took __명사__ .
　　이 문장은 동사 took에 대한 주어가 없으므로 틀린 문장이다.

## Example >>

**Poe and Hawthorne _____ in the development of the short story as distinctive American genre.**

        (A) and both leaders were
        (B) they were both leaders
        (C) were both leaders
        (D) who as leaders

**해설 >>** in 다음에 나오는 명사, of 다음에 나오는 명사, as 다음에 나오는 명사구는 기능적으로 모두 부사구에 해당하므로 신경 쓰지 않아도 된다. 이 문장은 동사를 필요로 하는 형태이다.
    (A) 주어가 불필요하게 반복된 형태이다.
    (B) (A) 와 같은 유형이다.
    (C) 동사 were가 있다.
    (D) 동사가 없다.
정답 (C)

## Exercise >>

**1. Of the three common salicylates, _____ .**

        (A) the preference of aspirin for most therapeutic uses
        (B) for most therapeutic uses aspirin preferred
        (C) preferring aspirin for most therapeutic uses
        (D) aspirin is preferred for most therapeutic uses

**2. Analgesics _____ pain without markedly interfering with physiological processes.**

        (A) relieving
        (B) they relieve
        (C) what they relieve
        (D) relieve

**Structure Type_03**

# 동사 찾기 유형은 수 일치와 태로 해결한다

**출제유형** 밑줄친 부분에 들어가야 할 성분이 동사인 경우, 대개 V-1=X 공식으로 한두 개의 보기는 소거된다. 나머지 두 개의 선택지는 동사인 경우가 많은데, 이 때 정확한 답을 고를 수 있는 방법은 첫째 수 일치에 의한 방법이고, 두번째는 능동태나 수동태를 이용한 방법이다. 수 일치 문제는 주어가 3인칭 단수 현재인지 아닌지를 확인하면 되는데 보통 명사에 -s가 있으면 동사에 -s가 없고, 명사에 -s가 없으면 동사에 -s가 붙는다.

### Example 1 >>

Igneous rock _____ from the cooling and solidification of molten matter from the Earth's interior.

Ⓐ being originated
Ⓑ have originated
Ⓒ originates
Ⓓ originating

**해설 >>** 동사를 찾는 유형이다.
  Ⓐ V-1=X 공식에 모순, 문장에 동사가 없다.
  Ⓑ 주어가 rock이므로 복수 동사 have는 수 일치가 맞지 않는다.
  Ⓒ 주어 rock에 대해 originates는 수 일치가 맞다.
  Ⓓ V-1=X 공식에 모순, originating은 동사가 아니다.
  정답 Ⓒ

다음은 태를 이용해 문제를 푸는 방식에 대해 알아보자.
먼저 능동태가 수동태로 바뀌는 과정을 살펴보면 다음과 같다.

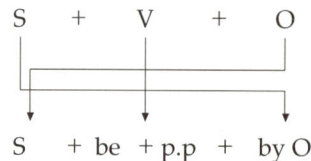

이 때 능동태의 목적어는 주어로 쓰이고 주어는 전치사구로 바뀌게 된다. 이런 과정에서 능동태의 목적어는 없어지게 된다. 따라서 실제 문제를 풀 때 동사 다음의 형태를 통해 답을 찾을 수 있다. be + p.p형태에서 p.p는 반드시 타동사에서 비롯되는데 예외적으로 call, give, consider 등은 4, 5형식 동사이기 때문에 수동태가 되어도 뒤에 명사나 to부정사가 남는다.

## Example 2 >>

The artist Scipio Moorhead _____ primarily in the poetry of Phillis Wheatley.

Ⓐ is remembered
Ⓑ being remembered
Ⓒ that it is remembered
Ⓓ remembered

해설 >>  Ⓐ  뒤의 구조가 부사와 전치사구만으로 이루어져 있다.
　　　　Ⓑ  V-1=〉〈 공식에 모순된다. being remembered는 동사가 아니고 분사 형태이다.
　　　　Ⓒ  V-1=〉〈 공식에 모순된다. 동사가 하나밖에 없는데 접속사 that이 쓰였다.
　　　　Ⓓ  Ⓐ 의 is remembered는 remember가 타동사이므로 문장 중에 목적어가 있어야 한다.
　　　　정답 Ⓐ

# Exercise >>

1. Cedars _____ a particular variety of aromatic wood that repels insects.

    A) having yielded
    B) yielding
    C) yields
    D) yield

2. Theatrical producer Cheryl Crawford _____ the establishment of a professional repertory theater in the United States.

    A) who encouraged
    B) encouraged
    C) was encouraged
    D) who was encouraged

**Structure Type_04**

# 부사절로 시작하는 문장은 주절 앞에 콤마(,)가 있다

**출제유형** 부사절의 특징 가운데 하나가 부사절이 끝나는 곳을 보여주기 위해 콤마(,)가 나온다는 것이다. 복문의 종속절을 이루는 다른 형태(명사절, 형용사절)에는 그런 특성이 없다.

### Example >>

_____ the Atlantic Ocean crosses the equator, the trade winds cause a flow of water to the west.

- Ⓐ Where
- Ⓑ And
- Ⓒ That
- Ⓓ At

**해설 >>** crosses와 cause 두 개의 동사가 있으므로 V−1=X 공식에 따라 접속사가 있어야 한다.
　Ⓐ 절이 끝나는 부분(the equator 다음)에 콤마가 있으므로 부사 접속사가 와야 한다.
　Ⓑ 문장 맨 앞에 and, but, or 등의 접속사는 올 수 없다.
　Ⓒ That은 명사 접속사를 연결한다.
　Ⓓ V−1=X 공식에 모순된다.
　정답 Ⓐ

# Exercise >>

1. _____ do not have webbed feet, gallinules are excellent swimmers.

    (A) They
    (B) That they
    (C) Even though they
    (D) It is when they


2. _____ people depend to such a great extent on forests, every effort must be made to preserve trees and wildlife.

    (A) How
    (B) That
    (C) Since
    (D) Which

**Structure Type_ 05**

# 관계 대명사 앞에 전치사가 있으면 답이다

**출제유형** 이 비법은 실전 문제를 풀 때만 적용된다. 이제까지의 경험으로 보아 관계 대명사 앞에 전치사가 있는 것이 답인 경우가 많았다.

### Example >>

Dams can be very beneficial to the areas _____ .

Ⓐ in which they are built
Ⓑ building them where
Ⓒ which they are built
Ⓓ where are they built

**해설 >>** 종속절의 올바른 구조를 찾는 문제이다.
Ⓐ 관계 대명사가 전치사의 목적격으로 쓰였다.
Ⓑ 접속사 where 다음에 주어 동사가 있어야 한다.
Ⓒ which 다음의 구조가 완전하므로 답이 될 수 없다.
Ⓓ where 다음에 도치된 구조가 올 수 없다.
정답 Ⓐ

# Exercise >>

1. Croquet is a popular lawn game _____ players hit wooden balls through wire arches called wickets.

    - A) when
    - B) which
    - C) is when
    - D) in which

2. The inductive method of reasoning is the basis of the common sense _____.

    - A) on which people act
    - B) which people act
    - C) acting on which people
    - D) people act on it

## Structure Type_06

# 부사절, 형용사절 및 명사절의 구분은 O, X로 한다

**출제유형**  복문은 종속절의 종류에 따라 부사절, 형용사절 및 명사절의 세 가지로 분류되는데, 각각의 구조는 구성 성분(주어, 술어, 목적어 및 보어)의 유무에 따라 독특한 특징을 갖는다.

### 1. 부사절

▶ [Because] he tells a lie, he is a liar.
      종속절          주절

주절, 종속절 모두 구성 성분이 완전하다.

### 2. 형용사절

▶ I know the man [who] tells a lie.
     주절             종속절

주절의 구성 성분은 다 있지만 종속절의 주어가 없다. 이 경우 관계 대명사 who로 대치되었다.

## 3. 명사절

▶ I know [that] he is a liar.
　주절　　　　종속절

주절의 구성 성분 중 어느 하나가 빠져 있고 종속절은 구성 성분이 모두 있다. 이 예문에서 명사절은 주절의 목적어 역할을 하고 있다. 명사절 중 예외적인 구조로 what에 의한 연결이 있는데 이것은 다음 비법에서 살펴보기로 한다.

위의 내용을 도표로 나타내면 다음과 같다.

|  | 부사절 | 형용사절 | 명사절 | what |
|---|---|---|---|---|
| 주절 | ○ | ○ | × | × |
| 종속절 | ○ | × | ○ | × |

○ : 모든 구성 성분이 다 있음　×: 구성 성분 중 어느 하나가 빠졌음

### Example >>

All marble is composed of crystals of the minerals, calcite or dolomite, ＿＿＿＿, are perfectly white.

- Ⓐ when, pure which
- Ⓑ when, which pure
- Ⓒ which, pure when
- Ⓓ which, when pure

**해설 >>** 밑줄친 부분에 들어갈 부사 접속사나 형용사 접속사를 구별하는 문제이다.
- Ⓐ when절은 부사절을 이끄는데 are에 대한 주어가 없으므로 답이 될 수 없다. pure which나 which pure는 삽입의 형태이므로 주어가 될 수 없다.
- Ⓑ Ⓐ와 동일한 형태로 답이 될 수 없다.
- Ⓒ 형용사 접속사 which 다음에 주어가 없지만 형용사절의 특성상 큰 문제가 되지 않는다. 하지만 pure when의 구조가 적합하지 않다.
- Ⓓ 삽입 형태인 when pure는 when they are pure에서 앞의 주어와 같은 they가 생략되고, are는 being이 되어 생략된 형태이다.

정답 Ⓓ

# Exercise >>

1. William Walker's mural, "Wall of Respect", _____ an outdoor wall in Chicago, deals with social issues.

    (A) covers
    (B) covers it
    (C) which covers
    (D) which it covers

2. _____ story of Pocahontas' rescue of John Smith is authentic is now doubted by some historians.

    (A) The
    (B) In the
    (C) That the
    (D) Although the

## Structure Type_07
# 명사 접속사 that과 what은 부족한 성분 개수로 구별한다

**출제유형** 명사 접속사 that과 what의 구별은 종종 출제되는 유형으로 그 특성상 명사 접속사 that절의 문장에서는 주절의 성분이 없지만, what절의 문장에서는 주절과 종속절 모두 구성 성분이 빠져 있다. what은 선행사를 포함하기 때문에 종속절의 구성 성분이 하나 부족하고 what절 자체가 명사절이기 때문에 주절의 구성 성분이 하나 빠져 있는 형태가 된다.

### Example >>

_____ would be a fairly long speech in a play is often presented as a recitative in an opera.

Ⓐ That
Ⓑ There
Ⓒ It
Ⓓ What

**해설 >>** 명사 접속사의 종류를 구별하는 유형이다.
　　Ⓐ That절 내에서 would be의 주어가 없다.
　　Ⓑ V-1=⟨ 공식에 모순된다. 동사가 두 개이므로 접속사가 필요하다.
　　Ⓒ V-1=⟨ 공식에 모순된다.
　　Ⓓ What이 would be의 주어 역할을 하는 동시에 명사절을 이끌어 is often presented의 주어 역할을 한다.
　　정답 Ⓓ

# Exercise >>

1. _____ astrology and alchemy may be regarded as fundamental aspects of thought is indicated by their apparent universality.

   - A) Both are
   - B) What both
   - C) Both
   - D) That both

2. A logarithm is _____ in algebra as an exponent.

   - A) known what
   - B) known what it is
   - C) what is known
   - D) what it is known

## Structure Type_08

# 복문의 종류에 따른 난이도

**출제유형** 복문의 종류를 묻는 문제 중 부사절은 난이도가 낮고, 형용사절은 중간 정도의 난이도이며, 명사절은 난이도가 높은 문제로 출제된다.

### Example 1 >>

_____ do not have webbed feet, gallinules are excellent swimmers.

- Ⓐ They
- Ⓑ That they
- Ⓒ Even though they
- Ⓓ It is when they

**해설 >>** 동사가 두 개 있고 문장 중에 콤마(,)가 있으므로 부사 접속사 찾기 유형이다.
- Ⓐ V-1=><  공식에 모순된다.
- Ⓑ 명사 접속사에 의한 연결이다.
- Ⓒ 부사 접속사에 의한 연결이다.
- Ⓓ V-1=><  공식에 모순된다. 동사 세 개에 접속사가 한 개밖에 없다.

정답 Ⓒ

**Example 2 >>**

A closed shop exists in a company _____ by contract to hire only union members.

     Ⓐ is required
     Ⓑ required it
     Ⓒ that is required
     Ⓓ that it is required

**해설 >>** 접속사의 종류에 대한 문제이다.
    Ⓐ V-1=〉〈 공식에 모순된다. 동사 exists가 있으므로 접속사 없이 다른 동사가 올 수 없다.
    Ⓑ V-1=〉〈 공식에 모순된다.
    Ⓓ that절 다음에 나오는 구조에서 부족한 구성 성분이 없으므로 명사절이다. 하지만 명사절 앞의 a company와 it이 중복되어 있다. 또한 난이도가 중간 정도의 문제인 점을 유의해야 한다.
    정답 Ⓒ

**Example 3 >>**

_____ kinds of dinosaurs were dying out all through the Age of Reptiles is true.

     Ⓐ Some
     Ⓑ When some
     Ⓒ Some were
     Ⓓ That some

**해설 >>** 명사 접속사를 찾는 유형이다.
    Ⓐ V-1=〉〈 공식에 모순된다. 동사가 두 개 있으므로 접속사가 필요하다.
    Ⓑ when에 의한 부사절보다는 명사절이 필요하다.
    Ⓒ V-1=〉〈 공식에 모순된다. 동사 세 개에 접속사가 하나도 없다.
    Ⓓ That~Reptiles까지의 명사절이 is true의 주어로 쓰였다. 종속절의 구조는 완전하지만 주절의 성분이 빠진 형태다.
    정답 Ⓓ

# Exercise >>

1. _____ show the relations among neurons, they do not preclude the possibility that other aspects are important.

   A. Neural theories
   B. A neural theory
   C. Although neural theories
   D. That neural theories

2. Venus is perpetually covered by thick, opaque clouds _____ the planet's surface from view.

   A. that they shield
   B. the shield is
   C. they shield
   D. that shield

3. _____ progress helps to relieve scarcities is a fact accepted by economists.

   A. Technological
   B. That technological
   C. Although technological
   D. There is technological

## Structure Type_09

# 명사와 명사의 충돌은 전치사로 해결한다

**출제유형** 전치사는 기본적으로 연결 기능을 하며, 특히 명사와 명사의 연결에 유용하게 쓰인다. Structure type 문제에서는 전치사의 세부적 기능, 즉 의미를 묻는 경우는 거의 없고 주로 명사와 명사의 충돌을 완화시키는 기본적인 기능에 대해 묻는다.
명사와 명사가 직접 연결되는 것은 동격의 구조에서 가능한데, 이 경우는 다음번 비법에서 살펴보기로 하자.

### Example >>

_____ hydras and jellyfish, corals are not equipped with stinging cells in their tentacles.

Ⓐ Unlike
Ⓑ They are not alike
Ⓒ Not alike
Ⓓ The unlikely

**해설 >>** 명사와 명사의 연결에 쓰일 수 있는 연결 구조를 찾는 문제이다.
Ⓐ hydras and jellyfish와 corals는 동격이 아니기 때문에 전치사 없이 연결될 수 없다.
Ⓑ V-1=✕ 공식에 모순된다. 동사 두 개에 접속사가 없는 구조다.
Ⓒ alike는 서술적 형용사이므로 뒤에 명사가 올 수 없다.
Ⓓ hydras and jellyfish와 corals는 동격이 아니다. unlikely를 이용해 동격이 아님을 알 수 있다.
정답 Ⓐ

# Exercise >>

1. Sidney Poitier received the Academy Award _____ best male actor in 1963 for his performance in Lilies of the Field.

    A. the
    B. for
    C. was
    D. and

2. _____ general acceptance of photography as an artistic medium, most museums today house collections of fine photographs.

    A. The
    B. Where as the
    C. Only the
    D. With the

**Structure Type_10**

# 고유 명사나 학술 용어는 동격으로 설명된다

**출제유형** TOEFL 문법 문제는 하나의 문장으로 구성되어 있기 때문에 거론되지 않는 명사 대신 대명사를 쓰지 못한다. 그렇기 때문에 다른 시험에 비해 고유 명사를 많이 쓴다. 이러한 고유 명사를 명사나 명사구로 보충 설명하는 것을 동격이라 한다. 학술 용어에 대해서도 마찬가지다.

### Example >>

George H. Gallup, _____ specialized in opinion polls and business surveys.

- Ⓐ Whose statistician
- Ⓑ a statistician,
- Ⓒ a statistician who
- Ⓓ as a statistician, he

**해설 >>** 고유 명사 George H. Gallup과 동격을 이루는 구조를 찾는 문제이다.
   Ⓐ V-1=✕ 공식에 모순된다. 접속사 whose가 필요하지 않다.
   Ⓒ V-1=✕ 공식에 모순된다.
   Ⓓ as로 연결한 것은 좋으나 he가 불필요하게 중복되었다.
   정답 Ⓑ

# Exercise >>

1. _____ , a leader of the Mingo people, won fame for a stirring speech in 1774.

   - (A) It was Logan
   - (B) Logan
   - (C) Logan was
   - (D) When Logan

2. _____ photosynthesis is the ultimate source of food for almost all organisms on earth.

   - (A) It is an extremely important process
   - (B) An extremely important process, it is
   - (C) That an extremely important process as
   - (D) An extremely important process,

## Structure Type_11

# However나 therefore 같은
# 접속 부사는 답이 될 수 없다

**출제유형** TOEFL 문법 Section 문제는 하나의 문장으로 구성되어 있기 때문에 그 기능상 여러 문장 사이의 의미 연결에 사용되는 접속 부사는 답이 될 수 없다.
접속 부사의 종류에는 however, so, besides, still, also, therefore, nevertheless, furthermore, thus 등이 있다. 이 중에서 thus는 그 특성상 한 문장 내의 연결에 쓰일 수 있으므로 현재 분사와 함께 답이 될 때가 있다.

### Example >>

_____ milk is readily digested by most people, the calcuim, phosphorus, and other nutrients in it are promptly and effectively utilized by the body.

- Ⓐ Consequently
- Ⓑ Therefore
- Ⓒ Because
- Ⓓ So

**해설 >>** 문장에 동사가 두 개 있으므로 접속사를 찾는 문제이다.
    Ⓐ Consequently는 부사이므로 접속사 역할을 하지 못한다.
    Ⓑ Therefore는 접속 부사로서 접속사와 비슷한 뜻을 갖지만 접속사는 아니다.
    Ⓓ So 역시 접속 부사로 접속사 역할을 하지 못한다.
    정답 Ⓒ

# Exercise >>

1. Recent archeological studies indicate that Acoma was established by A.D.1100, _____ making it the oldest continuously occupied village in the United States.

   - Ⓐ however
   - Ⓑ and
   - Ⓒ thus
   - Ⓓ when

2. _____ conventional black ink costs newspapers about thirty cents a pound, most rub-resistant inks add at least ten cents more per pound to the bill.

   - Ⓐ Furthermore
   - Ⓑ Meanwhile
   - Ⓒ Moreover
   - Ⓓ While

## Structure Type_12

# TOEFL에서의 it은
# to부정사와 that절만 받는다

**출제유형**  Informal language에서는 가주어, 가목적어로 쓰이는 it이 명사, to부정사, that절 및 동명사 등을 모두 받을 수 있으나 TOEFL에서는 to부정사와 that절만 받는다. 이러한 차이 때문에 응시자들이 혼동을 일으킬 수 있다.

### Example >>

Frederick Jones invented a refrigeration unit that _____ the transportation of frozen foods by truck.

- Ⓐ made possible
- Ⓑ possibly made
- Ⓒ it possibly made
- Ⓓ made it possible

**해설 >>** 가목적어 it이 쓰일 수 있는지를 묻는 문제이다.
- Ⓐ 뒤에 to부정사나 명사절을 이끄는 that이 없을 때는 주어 + 동사 + 목적 보어 + 목적어 순서로 쓴다.
- Ⓑ 보어가 빠졌다.
- Ⓒ it이 지칭될 수 있는 것이 없다.
- Ⓓ TOEFL에서는 가목적어 it이 뒤에 나온 명사 the transportation을 받을 수 없다.

정답 Ⓐ

# Exercise >>

1. X-rays are able to pass through objects and thus make _____ details that are otherwise impossible to observe.

    - (A) it visible
    - (B) visibly
    - (C) visible
    - (D) they are visible

2. It was between 1830 and 1835 _____ the modern newspaper was born.

    - (A) when
    - (B) that
    - (C) which
    - (D) because

## Structure Type_13

# 오답을 이용하여 정답을 찾는다

**출제유형** 문제의 선택지는 정답을 제외한 나머지의 오답을 만들기가 더 힘들다. 이 오답들은 정답과 전혀 무관하게 만들 수 없기 때문에 오답을 이용하면 정답을 찾는데 도움이 된다.

### Example >>

_____ inclination to be a farmer, John Adams' schooling prepared him for college and a career in the ministry.

- Ⓐ His
- Ⓑ Although his
- Ⓒ Despite his
- Ⓓ Because of

**해설 >>** 명사 inclination과 명사 schooling을 연결할 수 있는 연결 구조를 찾는 문제이다.
- Ⓐ 소유격은 동격이 될 수 없을 뿐만 아니라 두 개의 명사를 연결할 수도 없다.
- Ⓑ V−1=✕ 공식에 모순된다. 동사가 문장 중에 하나밖에 없으므로 접속사 Although가 올 수 없다.
- Ⓒ 전치사가 명사와 명사를 연결하고 있다. Ⓓ 도 전치사 역할을 할 수 있으나 Ⓑ 의 although는 의미상 despite 때문에 만들어진 오답이다. 이것을 이용하면 Ⓒ 가 답인 것을 알 수 있다.
- Ⓓ 전치사 역할을 할 수 있으나 Ⓒ 의 설명에 의해 답이 아니다.

정답 Ⓒ

# Exercise >>

1. For hundreds of years _____ the principal raw material for paper.

    A) then were rags
    B) the time rags were
    C) rags were
    D) rags

2. Violets grow wild _____ most temperate regions of the world.

    A) in
    B) where
    C) that
    D) are in

**Structure Type_14**

# Wh-구문이 보이면
# 주어 + 동사의 어순이 답이다

**출제유형** Wh-구문이 이끄는 절(where, when, what, who, etc.)은 절의 종류(명사절, 형용사절, 부사절)에 상관없이 어순이 도치되지 않는다. 이 유형은 난이도가 낮은 문제에서 주로 출제된다. 선택지 중에서 wh-구문 다음에 주어, 동사 어순이 도치된 것과 도치되지 않은 것이 있다면 도치되지 않은 어순이 답이 된다.

### Example >>

The Oregon Trail went through the South Pass, _____ in 1842.

Ⓐ where was gold discovered
Ⓑ it was where gold was discovered
Ⓒ discovered where gold was
Ⓓ where gold was discovered

**해설 >>** 문장 어순에 관계된 문제이다.
　　　　Ⓐ wh-구문 다음에 어순이 바뀌어 있으므로 답이 아니다.
　　　　Ⓑ V-1=>< 공식에 모순된다. 동사 세 개에 접속사 한 개밖에 없다.
　　　　Ⓒ V-1=>< 공식에 모순된다.
　　　　Ⓓ where 다음에 주어, 동사 어순으로 배열되어 있다.
　　　　정답 Ⓓ

# Exercise >>

1. Ice that has floated from the place _____ formed is called drift ice.

    (A) where it was
    (B) it was where
    (C) where was it
    (D) where was


2. Author Edith Wharton thoroughly understood the society _____ .

    (A) she had grown up
    (B) which had she grown up in
    (C) in which she had grown up
    (D) she had grown up in it

**Structure Type_ 15**

# 선택지의 단어 구성이 같으면 수식 관계에 대한 문제이다

**출제유형** 선택지의 단어 구성이 같은 문제는 단어의 수식 관계를 묻는 유형이다. 주로 동사, 부사, 형용사 및 명사들에 관련된 수식 여부를 묻는 경우가 많다. 그 순서는 부사 → 형용사 → 명사형이거나 형용사 + 형용사 + 명사형이다. 후자의 경우는 형용사 형용사 → 명사 형태의 연결이다.

### Example >>

What percentage of the population is aware that in _____ company the directors hold only a small fraction of its shares?

- Ⓐ a public typical
- Ⓑ a typical public
- Ⓒ typical a public
- Ⓓ public typical a

**해설 >>** 전치사 in과 명사 company 사이에 오는 문장 구조를 묻는 문제이다.
- Ⓐ 관사 a와 명사 company 사이에 형용사가 온 것은 맞지만 형용사의 순서가 잘못되었다. public company가 하나의 다른 명사형이 되고 그것을 typical이란 형용사가 수식해야 한다.
- Ⓒ 형용사와 형용사 사이에 관사가 올 수 없다.
- Ⓓ 전치사 in과 명사 a company 사이에 형용사가 올 수 없다.

정답 Ⓑ

## Exercise >>

1. Ultramarine is a blue pigment or coloring _____ by artificial means.

    A) now prepared material
    B) prepared material now
    C) now material prepared
    D) material now prepared

2. _____ west of the Rocky Mountains.

    A) Tornadoes almost occur never
    B) Tornadoes never almost occur
    C) Never tornadoes almost occur
    D) Tornadoes almost never occur

## Structure Type_16

# 주어, 동사의 도치 문제는 고난이도의 문제로 출제된다

**출제유형** 문장 어순에 관한 문제는 구조론에서 가장 어려운 것들 중에 하나이기 때문에 주로 난이도가 높은 문제가 출제된다. 도치에 관한 문제 중 가장 빈번히 나오는 순서를 살펴보면, ① 부정 부사어구(Not until, Nowhere, Seldom, etc.)가 문장의 맨 앞에 올 때, ② only 다음에 시간 표시어구 등이 와서 부정적 의미로 쓰일 때(only after, only once, only if, etc.), ③ 장소를 나타내는 전치사구가 문장의 맨 앞에 오고 자동사가 있을 때, ④ so, few, little, such 등이 명사를 수식하지 않은 상태로 문장의 맨 앞에 올 때, ⑤ 가정법에서 if나 unless가 생략될 때의 순서로 출제된다.

### Example 1 >>

Only rarely _____ neuroses leave a person unable to function in everyday situations.

- Ⓐ had
- Ⓑ are
- Ⓒ do
- Ⓓ that

**해설 >>** Only와 시간 표시어구인 rarely가 같이 쓰여 주어와 동사의 순서를 바꿔 놓은 형태의 문제이다.

Ⓐ leave가 동사이므로 had가 올 수 없다. had가 오려면 leave의 과거 분사형인 left가 있어야 한다.

Ⓑ are 다음에 올 수 있는 동사형은 현재 분사형이나 과거 분사형이 되어야 한다.

Ⓓ that을 지시 형용사로 본다 해도 복수형인 neuroses와 수 일치가 맞지 않는다.

정답 Ⓒ

## Example 2 >>

**Not until the late 1970s _____ an outlet for her talents and sympathies in charitable work.**

- Ⓐ that Anna Hallowell found
- Ⓑ did Anna Hallowell find
- Ⓒ when did Anna Hallowell find
- Ⓓ when Anna Hallowell found

**해설 >>** 부정 부사어구 Not until이 있으면 주어와 동사의 순서가 바뀌어야 한다.
　　Ⓐ that의 쓰임이 부적당하며 어순도 바뀌어 있지 않다.
　　Ⓒ wh-구문인데 도치되어 있다.
　　Ⓓ V-1=X 공식에 모순된다. 문장의 동사는 found밖에 없는데 접속사 when이 있다.
　　정답 Ⓑ


## Exercise >>

**1. Never again _____ political office after his 1928 defeat for the presidency.**

- Ⓐ Alfred E. Smith seriously sought
- Ⓑ seriously Alfred E. Smith sought
- Ⓒ when did Alfred E. Smith seriously seek
- Ⓓ did Alfred E. Smith seriously seek


**2. Only in recent years _____ begun to realize that wild dogs, kept within bounds, often do more good than harm.**

- Ⓐ people have
- Ⓑ since people have
- Ⓒ have people
- Ⓓ people who have

## Structure Type_17
## 선택지에 to부정사, 현재 분사 및 과거 분사가 있을 때 to부정사가 정답일 확률이 높다

**출제유형** 선택지에 to부정사와 현재 분사가 있거나 과거 분사가 있으면 부분적 해석이 필요하다. 문장 맨 앞에 있는 to부정사가 주어로 쓰이지 않은 경우에는 '~을 위해서' 라는 뜻의 부사적 용법으로 쓰인 것이고 현재 분사는 '~하는', 또는 '~한' 으로 해석된다. 과거 분사는 '~되어진' 으로 해석되는데, 주어와의 관계로 답을 고를 수 있다. 하지만 이제까지 출제된 문제의 비율로 보면 4 : 1정도로 to부정사가 정답인 경우가 많았다.

### Example >>

_____ the silkworm produces a fluid internally and then forces it out through tiny holes in its body.

    Ⓐ It makes silk and
    Ⓑ Making silk,
    Ⓒ To make silk,
    Ⓓ Silk is made by

**해설 >>** 문장의 주어 the silkworm과 적절히 연결될 수 있는 부분을 찾는 문제이다.
    Ⓐ It의 지칭 및 위치가 명확하지 않다.
    Ⓑ 'silk를 만드는' 이라고 해석되는데 주어와의 관계로 볼 때 부적절하다.
    Ⓒ 'silk를 만들기 위해서' 라고 해석되어 뒷부분과의 연결이 자연스럽지 못하다.
    Ⓓ V−1=✕ 공식에 모순된다. 동사는 세 개인데 접속사는 한 개이다.
    정답 Ⓒ

# Exercise >>

1. _____ bricks, workers press clay into bricks and bake them to the requiste hardness in a kiln.

    A  Being made
    B  The making of
    C  To make
    D  Made

2. _____ in the southern and midwestern United States, ragtime music reached its classic form in the 1890's.

    A  To have originated
    B  Originating
    C  To originate
    D  It originates

## Structure Type_18

# 비교급 문제는 병치 구조로 해결한다

**출제유형** Structure type 문제 중 비교 구조에 대한 문제는 대부분 병치 구조를 묻는 경우가 많다. 따라서 밑줄친 부분이 어느 곳과 같은 구조인지를 알아보는 것이 가장 중요하다. 일반적인 비교 표현에는 as + 원급 + as에 의한 원급 비교, 비교급 + than에 의한 비교급 비교 및 The + 비교급~, the + 비교급 등이 있다.

### Example >>

The stronger _____ magnet, the greater the number of lines of magnetic force.

- Ⓐ of
- Ⓑ the
- Ⓒ is the
- Ⓓ is of the

**해설 >>** The + 비교급~, the + 비교급의 병치 구조를 묻는 문제이다.

Ⓐ of magnet가 되면 전치사구가 되는데, the greater 다음의 구조가 명사구이기 때문에 병치 구조가 될 수 없다.

Ⓒ 동사가 필요 없다. 이중 비교급 문장은 V-1=X 공식의 예외이다.

Ⓓ Ⓒ 와 같은 오답이다.

정답 Ⓑ

# Exercise >>

1. Sound travels _____ air.

    A. faster through water than through
    B. faster than through water and
    C. through water faster and
    D. where it is faster through water than through

2. Ball-point pen manufacturers work with measurements _____ used in spacecraft.

    A. those precisely
    B. they are precisely
    C. as precise as those
    D. as those are precisely

3. The higher the standard of living and the greater the national wealth, the _____ .

    A. greater is the amount of paper is used
    B. greater amount of paper is used
    C. amount of paper is used is greater
    D. greater the amount of paper used

## Structure Type_19

# 주절이 복잡하면 사람 주어를 찾는다

**출제유형** After ~ing나 while ~ing 형태 등의 분사 구문은 부사절의 주어가 주절의 주어와 같기 때문에 생략된 경우로서, 주로 ~ing의 주체는 사람인 경우가 많다. 또한 선택지에 사람 주어로 시작하는 문장과 사람 주어처럼 보이게 하여 문장이 시작되는 경우에는 거의 사람 주어로 시작하는 것이 답이다. 반대의 경우 분사 구문이 과거 분사로 시작하면 사물 주어를 찾는 문제일 가능성이 높다.

### Example >>

While staying in Florence, Italy, in 1894, _____ that she had a talent for sculpture and began taking lessons.

- Ⓐ philanthropist Winifred Holt discovered
- Ⓑ that the philanthropist Winifred Holt discovered
- Ⓒ discovered by philanthropist Winifred Holt
- Ⓓ there philanthropist Winifred Holt discovered

**해설 >>** While staying의 주체인 사람 주어를 찾는 문제이다.
  Ⓑ V-1=><공식에 모순된다. 동사의 개수에 비해 접속사의 개수가 너무 많다.
  Ⓒ discovered by로 시작되는 과거 분사 구문으로 본다 해도 주절이 없기 때문에 답이 될 수 없다.
  Ⓓ there가 필요하지 않다.
  정답 Ⓐ

# Exercise >>

1. **While traveling in Europe, _____ .**

    - A  Jane Addams was stirred by the social reform movement
    - B  it was the social reform movement that stirred Jane Addams
    - C  the social reform movement stirred Jane Addams
    - D  Jane Addams, stirred by the social reform movement

2. **_____ in all parts of the state, pines are the most common trees in Georgia.**

    - A  Found
    - B  Finding them
    - C  To find them
    - D  They are found

*Structure Type_* **20**

# 상관 접속사에 관한 문제는 짝짓기 문제이다

**출제유형** 상관 접속사에 대한 문제는 두 가지 유형이 있는데 그 중 하나는 상관 접속사에 의해 연결되는 부분이 병치 구조를 이루는 것에 관한 것이고, 나머지 하나는 상관 접속사의 짝을 찾는 것이다.

### Example >>

**All manufactured products can be classified as either consumer goods _____ producer goods.**

Ⓐ for
Ⓑ by
Ⓒ so
Ⓓ or

**해설 >>** 상관 접속사의 짝을 찾는 문제이다.
　　　　Ⓐ either와 짝을 이루지 못한다.
　　　　Ⓑ Ⓐ 와 같은 오류이다.
　　　　Ⓒ Ⓐ, Ⓑ 와 같은 오류이다.
　　　　정답 Ⓓ

## Exercise >>

1. The pigment in a paint not only creates a decorative and functional color _____ affects the mechanical properties of the paint.

   - (A) and then
   - (B) that
   - (C) but also
   - (D) or

2. _____ of a newspaper nor the number of pages in an edition has ever been standardized.

   - (A) The page size is neither
   - (B) Neither is the page size
   - (C) The page size, neither
   - (D) Neither the page size

**Structure Type_ 21**

# 문장에 콤마(,)가 많으면 병치 구조 문제이다

**출제유형** 병치 구조 가운데 가장 많이 쓰이는 것이 A, B, and C 형태이다. 이와 같은 표현은 문장에 콤마(,)를 많이 사용하게 된다. 따라서 이 사실을 역으로 이용하면 문장에 콤마(,)가 많을 때는 병치 구조 문제라는 것을 알 수 있다.

### Example >>

A lumberjack, or logger, is a worker who cuts down trees in a forest, saws them into logs, and _____ .

Ⓐ the mill takes them
Ⓑ takes them to the mill
Ⓒ they are taken by the mill
Ⓓ taken by their mill

해설 >> A, B, and C 형태에 의해 세 개의 동사가 연결되는 구조 문제이다.
Ⓐ 주어 the mill이 있기 때문에 앞의 구조와 병치를 이루지 못한다.
Ⓑ cuts, saws와 함께 takes가 병치를 이룬다.
Ⓒ Ⓐ 와 같은 오류이다.
Ⓓ 과거 분사는 동사가 아니다.
정답 Ⓑ

# Exercise >>

1. From birth, nightjar chicks solicit food by walking to the front of an adult bird, reaching up, and _____ .

    - (A) they peck at its bill
    - (B) peck at its bill
    - (C) pecking at its bill
    - (D) at its bill they peck

2. Freezing preserves meat because _____ , slows down the rate of enzyme action, and lowers the speed of spoilage.

    - (A) the growth of microorganisms
    - (B) preventing microorganisms from growing
    - (C) microorganisms are prevented from growing
    - (D) it prevents the growth of microorganisms

# Chapter IV

**Written Expression Type** 비법

**Written Expression Type_01**

# Make와 do동사를 이용한 숙어적 표현에 주의하라

**출제유형** 영어에는 make동사, take동사 및 do동사를 이용한 숙어가 많다. 또한 이들 동사들 중 대부분은 같은 단어를 이용하여 뜻이 다른 숙어를 만들 수도 있다. 예를 들어 make an airplane은 '비행기를 만들다'란 뜻으로 쓰이고 take an airplane은 '비행기를 타다'란 뜻으로 쓰일 수 있다. 하지만 이런 동사들과 달리 do동사는 같은 단어에 대해 혼용으로 쓰이는 경우가 거의 없다. 따라서 다른 동사가 놓여야 할 자리에 do동사가 쓰인 문제를 내면 문제 자체에 대한 애매한 점이 없기 때문에 TOEFL 시험에서 자주 출제되는 형식이다. 비교적 난이도가 높은 문제로 출제된다.

**Example >>**

The way of <u>reasoning</u> whereby people <u>do</u> conclusions by <u>logical</u> inference from <u>given</u>
　　　　　　(A)　　　　　　　　　　(B)　　　　　　　(C)　　　　　　　　(D)
premises is called the deductive method.

**해설 >>** make a conclusion이라는 관용어구가 있으므로 do 대신 make를 써야 한다.
정답 (B)

## Exercise >>

1. Precautions must be <u>done</u> in mines to <u>detect</u> and <u>control</u> methane gas, which is highly
                     Ⓐ               Ⓑ      Ⓒ
   <u>explosive</u>.
   Ⓓ

2. <u>Group</u> decisions can be <u>done</u> <u>either</u> consciously or <u>unconsciously</u>.
     Ⓐ                  Ⓑ  Ⓒ                 Ⓓ

3. A soluble <u>substance</u>, alkali <u>reacts</u> with <u>acids</u> <u>to do</u> salts.
            Ⓐ         Ⓑ     Ⓒ  Ⓓ

**Written Expression Type_02**

# TOEFL 문법section에서는
# 미래 시제가 거의 안 나온다

**출제유형** 미국교육평가원(ETS)에서 문제를 출제할 때 명확하지 않은 부분은 모두 삭제한다. 만약 불확실한 내용을 가지고 문제를 만들 경우 그것에 대한 해명이나 소송을 고려해야 하기 때문이다. 이러한 것 중에 하나가 시제의 불분명함이다. 과거 사실이나 일반적 사실의 경우는 이미 밝혀진 내용이라 문제될 것이 없지만 미래에 대한 것은 불확실성 때문에 문제가 될 수 있다. 따라서 ETS에서는 미래 시제의 문장은 거의 사용하지 않는다. 이와 같은 사실 때문에 시제 문제들은 다음과 같은 요령에 의해 쉽게 풀 수 있다.

1) 연도를 나타내는 숫자가 나오면 현재 시제는 잘못 쓰인 것이다.
2) 주절과 종속절의 시제는 기본적으로 일치시켜야 한다.
3) since와 for는 완료 시제와 쓰이고 나머지 시간에 대한 전치사는 과거 이상의 시제를 사용한다.

**Example 1 >>**

In 1937 Amelia Earhart, the famous aviatrix, <u>disappears</u> <u>during</u> <u>her attempt</u> <u>to fly</u> around
                                                            Ⓐ       Ⓑ       Ⓒ     Ⓓ
the world.

**해설 >>** 1937이라는 과거를 표시하는 연도가 나왔으므로 동사의 시제는 현재가 아닌 과거가 되어야 한다. 따라서 disappears는 disappeared가 되어야 한다.
정답 Ⓐ

## Example 2 >>

**All experienced hunters know that wild animals became particularly restless before the**
　　　　　　　　　　　　　　(A)　　　　　　　　(B)　　　(C)
**onset of a storm.**
(D)

해설 >> that절 안의 동사 became은 주절의 동사 know와 시제를 일치시키기 위해 현재형
　　　　인 become이 되어야 한다.
　　　정답 Ⓑ

## Example 3 >>

**Jekell Island has been one of Georgia's state parks in 1954.**
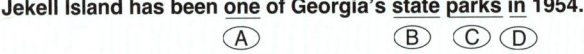

해설 >> 현재 완료 시제인 has been이 쓰였으므로 뒤에 있는 in은 since가 되어야 한다.
　　　정답 Ⓓ

# Exercise >>

1. Oberlin College <u>awards</u> degrees to both sexes as early as 1837, but coeducation
                  Ⓐ

   in American <u>colleges</u> did not spread <u>until</u> the <u>second half</u> of the century.
            Ⓑ                      Ⓒ      Ⓓ

2. In <u>general</u>, newspapers emphasize current news, <u>whereas</u> magazines <u>dealt</u> more <u>with</u>
       Ⓐ                                           Ⓑ                 Ⓒ        Ⓓ

   background materials.

3. <u>Since</u> 1921 the <u>budget</u> of the United States became the <u>primary</u> <u>responsibility</u> of the
     Ⓐ             Ⓑ                                   Ⓒ      Ⓓ

   President.

## Written Expression Type_03

# Alike 다음에는 명사가 올 수 없다

**출제유형** like는 품사적으로 세 가지 형태를 취한다. 동사 형태의 like에 대한 반대말은 dislike이고, 전치사 형태의 like에 대한 반대말은 unlike이다. 형용사로 쓰이는 like는 한정적 용법으로 쓰이는 반면, alike는 서술적 용법으로 쓰인다. 이 가운데 전치사 용법의 like와 서술적 형용사로 쓰이는 alike의 구별을 묻는 문제가 자주 출된다.

```
         ┌─ 동사      ⇔ dislike
like ────┼─ 전치사    ⇔ unlike
         └─ 한정적 용법    cf) alike(서술적 용법)
```

### Example >>

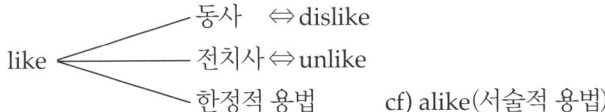

Geranium smells alike roses and is an ingredient in various perfumes.
　　　　　Ⓐ　　Ⓑ　　　　　　　Ⓒ　　　　Ⓓ

**해설 >>** alike는 서술적 형용사로 쓰이므로 뒤에 명사 roses가 올 수 없다. 따라서 alike 대신 전치사인 like가 와야 한다.
　　정답 Ⓑ

# Exercise >>

1. **Some** antibiotics **used in** the treatment of human disease are **like** only in that they
   (A)           (B)                                              (C)
   **are obtained** from fungi and bacteria.
   (D)

2. **Alike other waves**, sound waved **tend to** curl around obstacles **according to** the laws of
   (A)                              (B)                           (C)
   refraction and produce waves moving **in all directions**.
                                        (D)

3. **Dislike** sumac **with** red berries, sumac with white berries **is** **poisonous**.
   (A)              (B)                                              (C)  (D)

**Written Expression Type_04**

# 대명사에 밑줄이 있으면
# 정답일 가능성이 높다

**출제유형** 대명사와 관계된 유형으로는 ① 이중 주어, ② 대명사의 수 일치, ③ 대명사의 격 일치, ④ 대명사의 지칭 일치 등이 있다. 이렇게 여러 가지 유형으로 문제를 출제할 수 있기 때문에 밑줄이 있는 경우에는 각별히 조심해야 하며 그것이 답인 경우가 많다. 매번 한 문제 이상 대명사에 관한 문제가 출제되고 있다.

### Example 1 >>

Surrealist artists <u>they</u> based <u>their</u> work on <u>images</u> derived <u>from dreams</u> and the
     Ⓐ     Ⓑ    Ⓒ   Ⓓ
subconscious.

**해설 >>** artists와 they는 같은 것을 나타내므로 they가 불필요하게 반복된 형태이다.
   정답 Ⓐ

Example 2 >>

A noisy, aggressive cousin of the crow, the magpie has those bird's thievish habits.
  Ⓐ       Ⓑ                                     Ⓒ               Ⓓ

해설 >> those는 앞에 나온 the crow를 대신 받을 수 없으므로 those의 단수 형태인 that이 와야 한다.
정답 Ⓒ

Example 3 >>

After Norman Rockwell sold his first cover picture to "The Saturday Evening Post",
Ⓐ
he began specializing in picture of small-town life that made he one of the most popular
      Ⓑ                                         Ⓒ      Ⓓ
American illustrators.

해설 >> made의 목적어로 쓰일 수 있는 것이 와야 하므로 주격인 he 대신에 목적격인 him이 있어야 한다.
정답 Ⓓ

### Example 4 >>

Garlic is an herb grown for <u>his</u> pungently <u>flavored</u> bulb, <u>which</u> is used <u>to season</u> foods.
　　　　　　　　　　　　Ⓐ　　　　　　　Ⓑ　　　　　Ⓒ　　　　　　Ⓓ

**해설 >>** Garlic(마늘)을 받는 대명사는 중성이어야 한다. Ⓐ의 his는 사람에 쓸 수 있는 대명사이므로 여기서는 쓸 수 없다. its로 받아야 한다.

정답 Ⓐ

## Exercise >>

1. Personnel <u>administration</u> <u>it is</u> the management of the <u>people</u> in organizations <u>such as</u>
　　　　　　　Ⓐ　　　　　Ⓑ　　　　　　　　　　　Ⓒ　　　　　　　　　Ⓓ
corporation.

2. There are many stories about <u>how</u> smart a fox <u>can be</u> when <u>they are</u> being chased
　　　　　　　　　　　　　　　　Ⓐ　　　　　　Ⓑ　　　　　Ⓒ
<u>by</u> hounds.
Ⓓ

3. <u>Some</u> trees <u>have</u> distinctive features <u>that</u> identify <u>they</u> at first glance.
   Ⓐ      Ⓑ               Ⓒ      Ⓓ

4. Geologists <u>believe</u> that the <u>eruption</u> of the Volcano Mount Saint Helens began with <u>his</u>
             Ⓐ            Ⓑ                                       Ⓒ
   explosion on <u>the south end</u> of the lava dome.
                   Ⓓ

**Written Expression Type_ 05**

# So, such, too, very를 조심하라

**출제유형** so와 비슷한 뜻을 갖는 too와 very를 so대신 출제하는 경우가 많다. so는 형용사나 부사가 위치하는 형태로 that절을 취하는데, 이 때 so 대신에 too나 very를 쓰면 안 된다. too는 뒤에 to부정사를 취하면서 부정적 의미의 형태로 쓰이고 very는 형용사를 수식하는 형태로 쓰인다. such는 such as 형태로 쓰여 명사를 연결할 수 있는데 흔히 such as에서 as가 빠진 형태로 나오거나 as such 형태로 나온다. 이러한 것들은 출제 빈도율이 매우 높기 때문에 유의해야 한다.

```
so + 형용사/부사 + that절
      └→ very, too로 대치할 수 없음
```

```
such as 명사, 명사 and 명사    (○)
such 명사, 명사 and 명사       (×)
as such 명사, 명사 and 명사    (×)
```

**Example 1 >>**

Gold <u>can be hammered</u> into <u>leaves</u> <u>too</u> thin that they are <u>almost</u> transparent.
         Ⓐ              Ⓑ  Ⓒ            Ⓓ

해설 >> too와 연결되는 것은 to부정사이지 that절이 아니다. 따라서 too 대신 so가 와야
한다.
정답 ⓒ


Example 2 >>

Although not abundant in nature, zinc is important for both the galvanization of iron and
   Ⓐ                                Ⓑ                                Ⓒ
the preparation of alloys as such brass and German silver.
                          Ⓓ

해설 >> '예를 들어'의 의미로 쓰이는 such as에 대한 문제로 as such가 아니라 such as가
되어야 한다.
정답 Ⓐ


# Exercise >>

1. Some nematodes are very tiny that it is necessary to view them through a microscope.
   Ⓐ                     Ⓑ   Ⓒ        Ⓓ

2. A bridge can be defined as a structure surmounting an obstacle such a river,
                              Ⓐ                     Ⓑ     Ⓒ
declivity, road, or railway.
         Ⓓ

**Written Expression Type_06**

# Be동사와 관계된 유형의 문제들이 많이 출제된다

**출제유형** Be동사와 관계된 시험 유형으로는 ① be + ~ing, ② can be + p.p형, ③ to be p.p형, ④ 명사 + be + 명사형 등이 있다. 각각의 유형들 모두 시험에 많이 출제되므로 이러한 형태에 밑줄이 있는 경우에는 특히 유의해야 한다. 이 가운데 명사 + be + 명사형은 주격 보어로 쓰이는 명사는 주어와 같은 것을 나타내야 한다는 것을 이용한 유형인데, be동사 다음에 나오는 명사가 형용사 대신에 잘못 쓰인 경우가 많다.

**Example 1 >>**

One of the <u>essential</u> features of the <u>modern skyscraper</u> <u>is being</u> the <u>elevator</u>.
　　　　　　 Ⓐ　　　　　　　　　　　Ⓑ　　　　　Ⓒ　　　　　Ⓓ

**해설 >>** be동사는 상태 동사로 진행형을 쓸 수 없으므로 Ⓒ 의 is being을 is로 고쳐야 한다.
정답 Ⓒ

## Example 2 >>

Through certain leaching procedures, a metal such as copper can be separate effectively
  (A)    (B)                    (C)                (D)
from its ore.

해설 >> can be 다음에는 주로 과거 분사형이 위치하기 때문에 separate는 separated가 되어야 한다.

정답 ⓓ

## Example 3 >>

Harvard college was the first institution of higher learning to be establish in the colonies.
                  (A)        (B)       (C)       (D)

해설 >> 수동 부정사의 형태는 to be p.p 형태이므로 ⓒ 의 to be establish는 to be established가 되어야 한다.

정답 ⓒ

Example 4 >>

Jet propulsion can <u>take place</u> in a vacuum as long as oxygen is <u>provision</u> <u>to burn</u>
       Ⓐ            Ⓑ  Ⓒ
the engine's <u>fuel</u>.
    Ⓓ

해설 >> be동사 다음에 나오는 명사는 주어와 동일한 것이어야 하는데, 이 문제에서 provision은 oxygen과 같지 않다. 따라서 provision은 provided로 바꾸어야 한다.
정답 Ⓑ

# Exercise >>

1. <u>Among</u> the most <u>important</u> jazz <u>innovators</u> in the twentieth century <u>are being</u> Louis
  Ⓐ     Ⓑ    Ⓒ           Ⓓ
Armstrong, Fletcher Henderson, Duke Ellington, and Dizzy Gillespie.

2. Many <u>religions</u> in the world cannot be <u>definitions</u> by <u>simple</u> <u>statements</u>.
   Ⓐ          Ⓑ   Ⓒ  Ⓓ

3. There is, it seems, no limit to the satisfaction to be finding in the pursuit of knowledge.
    Ⓐ   Ⓑ                                           Ⓒ                Ⓓ

4. The goal of unemployment insurance is to support workers who have lost their jobs
    Ⓐ                                                                              Ⓑ
   until they are reabsorption into industry.
                    Ⓒ          Ⓓ

**Written Expression Type_07**

# 전치사, 숙어 문제는
# 중간 정도의 난이도 문제가 출제된다

**출제유형** Structure type 문제와는 달리 Written Expression type 문제에서는 전치사의 종류에 따른 차이 및 숙어에 대한 문제가 출제되는데 난이도는 중간 수준이다.

### Example 1 >>

The World Health Organization <u>strives</u> <u>at</u> better <u>health</u> <u>throughout</u> the world.
　　　　　　　　　　　　　　　 Ⓐ　 Ⓑ　　　　Ⓒ　　　Ⓓ

**해설 >>** '~을 위해 노력하다' 라는 뜻의 숙어는 strive for이므로 at 대신 for가 쓰여야 한다.
정답 Ⓑ

### Example 2 >>

The shrew's <u>reputation for</u> having a <u>bad</u> temper is <u>based from</u> its incessant <u>activity</u> and
　　　　　　　　Ⓐ　　　　　　　Ⓑ　　　　　　　Ⓒ　　　　　　　　　Ⓓ
voracious appetite.

해설 >> '~에 근거를 두고' 라는 숙어는 be based on이므로 from대신 on이 와야 한다.
정답 ⓒ

## Exercise >>

1. **Body** temperature is usually highest <u>inside</u> the <u>afternoon</u> or <u>evening</u>.
   Ⓐ                                      Ⓑ           Ⓒ              Ⓓ

2. <u>Novelist</u> Carson MoCullers <u>is</u> famous <u>toward</u> her <u>stories</u> of small-town life in the South.
   Ⓐ                              Ⓑ        Ⓒ          Ⓓ

**Written Expression Type_ 08**

# 부정·관사에 유의하라

**출제유형** 부정 관사(a, an)에 관한 유형을 살펴보면 다음과 같다. ① 뒤에 나오는 단어에 따라 a를 쓸 것인지 an을 쓸 것인지 구별하는 유형 ② 부정 관사와 복수 명사를 같이 쓸 수 없는 것 ③ 보통 명사에 관사가 있어야 하는 것 등이다.

**Example 1 >>**

A watt is <u>an unit</u> of <u>power</u> <u>equal</u> to one joule <u>per second</u>.
         Ⓐ      Ⓑ   Ⓒ           Ⓓ

**해설 >>** unit 발음이 [j]로 시작하므로 부정 관사 an이 아닌 a로 써야 한다.
       정답 Ⓐ

Example 2 >>

Overspecialization is a <u>possible</u> contributing <u>factors</u> <u>when</u> a species <u>becomes extinct</u>.
                Ⓐ                  Ⓑ  Ⓒ           Ⓓ

해설 >> 앞에 부정 관사 a가 있으므로 단수 형태의 명사가 와야 한다. 따라서 factors는 factor의 형태를 취해야 한다.
정답 Ⓑ

Example 3 >>

An able <u>flier</u>, a crow <u>may travel</u> thirty or forty miles <u>within day</u> before it <u>returns</u> home
      Ⓐ          Ⓑ                        Ⓒ          Ⓓ
to roost.

해설 >> day는 보통 명사로 관사와 같이 쓰여야 한다. 따라서 within a day 형태가 되어야 한다.
정답 Ⓒ

# Exercise >>

1. Augusta Savage was an significant sculptor during the Harlem Renaissance of the
   　　　　　　　　A　　B　　　　　　　　　　C　　　　　　　　　　　D
   1920's.

2. Carrie Chapman Catt contributed a sophisticated political sence, a concentrated personal
   　　　　　　　　　　　　A　　　　　　　　　　　B　　　　　　　　　　　　　C
   drive, an administrative skills to the cause of woman suffrage.
   　　　　　D

3. The distribution of algae is often used as indicator of river water pollution.
   　　　　　A　　　　　　　　B　　　　　C　　　　　　　　　　　　D

140

## Written Expression Type_09

## 어순 문제는 수식 관계와 enough에 관한 문제가 출제된다

**출제유형** Structure type 문제에서는 주어, 동사 어순 도치에 관한 문제가 많이 나오지만 Written Expression type 문제에서는 동사, 부사, 형용사, 명사 사이의 수식 관계에 따른 어순 문제가 많이 출제된다. 또한 수식어가 피수식어 뒤에 오는 enough에 관한 문제도 출제된다.

### Example 1 >>

In 1882 Schuyler Skaats Wheeler invented the fan electric, a propellor driven by a motor.
　　　　　　　　　　　　　　　　　(A)　　　　(B)　　　　　(C)　　　　　　(D)

**해설 >>** fan은 명사이고 electric은 형용사이므로 수식 관계에 있어 형용사가 앞쪽에 위치해야 한다.
정답 (B)

Example 2 >>

The eruptions of Mt. St. Helens were enough severe to cause numerous deaths.
      Ⓐ                                Ⓑ           Ⓒ  Ⓓ

해설 >> enough는 형용사나 부사는 뒤에서 수식하고, 명사는 앞에서 수식한다. severe는 형용사이므로 severe enough의 순서가 되어야 한다.

정답 Ⓑ

## Exercise >>

1. Good puzzles provide an excellent way to explore the realm of thought abstract best
     Ⓐ                Ⓑ                                           Ⓒ
known to mathematicians.
         Ⓓ

2. How many people living today are enough old to remember the appearance of Halley's
   Ⓐ                                Ⓑ     Ⓒ          Ⓓ
comet in 1910.

## Written Expression Type_10

# 비교 구문 문제는 형태에 관한 문제가 나온다

**출제유형** Structure type 문제에서는 비교 구문 문제가 대부분 병치에 관한 것이었지만 Written Expression type 문제에서는 ① 원급, 비교급, 최상급 비교의 혼용 ② 그 자체의 형태에 관한 것 ③ 의미상 최상급이 올 수 없는 형태에 관한 문제가 출제된다.

### Example 1 >>

The <u>more</u> famous skyscraper <u>in</u> the world <u>is</u> the Empire State Building, <u>located</u> in the
     Ⓐ                Ⓑ         Ⓒ                                Ⓓ
heart of New York City.

**해설 >>** 최상급 비교 형태가 되어야 하므로 more 대신 most가 쓰여야 한다.
        정답 Ⓐ

Example 2 >>

Research in the <u>social</u> sciences often proves <u>difficulter</u> than <u>similar</u> work in the
      Ⓐ       Ⓑ    Ⓒ
<u>physical</u> sciences.
 Ⓓ

해설 >> difficult의 비교급은 difficulter가 아니라 more difficult이다.
   정답 Ⓑ

Example 3 >>

By <u>destroying</u> harmful germs, disinfectants <u>stop</u> decay <u>from becoming</u> progressively
   Ⓐ          Ⓑ     Ⓒ
<u>worst</u>.
 Ⓓ

해설 >> 의미적으로 최상급이 쓰일 수 없는 경우이다. '점진적으로 가장 나빠진다' 는 의미는 논리상 모순이다.
   정답 Ⓓ

## Exercise >>

1. Protein molecules <u>are</u> <u>the most</u> complex <u>than</u> the molecules of <u>carbohydrates and lipids</u>.
    Ⓐ  Ⓑ           Ⓒ                         Ⓓ

2. Although Pluto is not the <u>most large</u> planet in the solar system, <u>it</u> is the <u>most</u> distant
                              Ⓐ                                  Ⓑ      Ⓒ
   <u>from</u> the sun.
   Ⓓ

3. <u>Adult</u> <u>great</u> blue herons <u>stand</u> four feet <u>tallest</u>.
   Ⓐ      Ⓑ              Ⓒ           Ⓓ

145

## Written Expression Type_11

## 단어의 형태에 관한 문제가
## 가장 많이 나온다

**출제유형** Written Expression type 문제에서는 단어의 형태를 묻는 문제가 많이 출제되는데 기본적으로 부사, 동사, 형용사 및 명사의 쓰임 등이 출제된다. 이에 대한 연습 문제는 부록편에 수록하였다.

**Example 1 >>**

Aluminum, considered a common metal, is used industrial in significant quantities.
　　　　　Ⓐ　　Ⓑ　　　　　　　　　Ⓒ　　　　　　Ⓓ

**해설 >>** is used 다음의 동사 형태는 부사형이 적합하므로 형용사인 industrial이 industrially로 바뀌어야 한다.

　　　정답 Ⓒ

Example 2 >>

**Evident** suggests that patients **who show** a fighting spirit exhibit stronger immune
   Ⓐ                                    Ⓑ
**defenses against** the spread of disease than **those** who suffer stoically.
       Ⓒ                                    Ⓓ

해설 >> 형용사형은 주어가 될 수 없으므로 Evident는 명사형인 Evidence가 되어야 한다.
      정답 Ⓐ


Example 3 >>

Producer Ellis Harzlip **proven** his **versatility** by working in television, **on** the legitimate
                         Ⓐ            Ⓑ                                   Ⓒ
stage, and in the **concert hall**.
                      Ⓓ

해설 >> proven은 과거 분사형이므로 문장의 동사로 쓸 수 없다. 동사로 쓸 수 있는 proves
      나 proved가 있어야 한다.
      정답 Ⓐ

# Exercise >>

1. Obsidian, an <u>uncommon</u> volcanic <u>rock</u>, <u>polishes good</u> and makes <u>an attractive</u>
       (A)              (B)     (C)                    (D)
   semiprecious stone.

2. <u>Research</u> in molecular biology has <u>demonstrate</u> phenomenal <u>similarities</u> <u>between</u>
       (A)                              (B)                    (C)           (D)
   humans and apes.

3. Cider is <u>the fermented</u>, <u>or partial</u> fermented, <u>juice</u> of <u>apples</u>.
              (A)              (B)                 (C)        (D)

## Written Expression Type_12

# 병치 구조는 난이도에 따라
# 출제 유형이 다르다

**출제유형** 병치 구조는 단어의 형태에 관한 문제 다음으로 많이 출제되며 난이도에 따라 출제되는 유형이 다르다. 난이도가 쉬운 문제에서는 주로 A, B, and C 형태에서 A, B, C부분의 품사가 다른 형태로 나오지만, 난이도가 중간 정도인 경우에는 품사는 같지만 뜻이나 분류상의 차이가 있는 유형으로 나오고, 난이도가 높은 경우에는 같은 형태이지만 품사가 다른 형태로 출제된다.

### Example 1 >>

Sleep, rest, and <u>relaxed</u> are the <u>best</u> remedies <u>for</u> <u>many</u> headaches.

**해설 >>** sleep이나 rest와 병치 형태를 이루기 위해서는 relaxed가 명사형인 relaxation이 되어야 한다.
정답 Ⓐ

### Example 2 >>

A physical anthropologist is required <u>to operate</u> simultaneously as <u>chemistry</u>, artist, and
           Ⓐ   Ⓑ     Ⓒ
forensics <u>expert</u>.
   Ⓓ

**해설>>** chemistry, artist 및 expert의 품사는 모두 명사이지만 의미상으로 볼 때 chemistry가 사람을 지칭하는 chemist로 바뀌어야 한다.
   정답 Ⓒ

### Example 3 >>

Photoperiodism is the <u>functional</u> or behavioral <u>response</u> of an organism to <u>changes</u> in
        Ⓐ      Ⓑ        Ⓒ
duration of daily, <u>seasonally</u>, or yearly periods of light and darkness.
      Ⓓ

**해설>>** daily나 yearly는 형용사이지만 seasonally는 부사이다. 끝부분이 모두 -ly로 끝났지만 명사에 -ly가 붙은 것은 형용사이고 형용사에 -ly가 붙은 것은 부사이므로 seasonally는 seasonal이 되어야 한다.
   정답 Ⓓ

# Exercise >>

1. Maps have lines, words, **symbolic**, and colors that **show** the **distribution** and **arrangement**
                                  (A)                      (B)    (C)          (D)
   of the Earth's geographical features.

2. The design **of the** University of Virginia comes **at the end** of Thomas Jefferson's **long**
            (A)                             (B)                          (C)
   career as theoretician, statesman, and **architecture**.
                                      (D)

3. **Several** educational **theories** emphasize the **worthy** and dignity of the **individual** student.
      (A)             (B)                (C)                    (D)

**Written Expression Type_13**

# 수 일치 문제를 해결하는 요령은 간단하다

**출제유형** 수 일치에 관한 문제는 자주 출제되지만 주어와 동사 사이에 나오는 전치사구나 삽입구만 조심하면 쉽게 풀 수 있다. 부분을 나타내는 말(예 : none, all, some, any, majority, most, half, percent, 분수 등)을 제외하고는 전치사구에 있는 명사는 주어와 동사의 수 일치에 전혀 영향을 미치지 못한다. 특히 one of the 복수 명사 형태는 of 다음에 항상 복수 명사가 나와야 하는 특성 때문에 수 일치 문제에서 빈번히 출제된다.

**Example 1 >>**

The shift in population from rural to urban areas have become more or less worldwide.
　　　　　　 　　　　　　 　　　　　　　　 　Ⓓ

**해설 >>** The shift가 주어이기 때문에 동사는 복수 형태인 have become이 아니라 단수 형태인 has become이 되어야 한다. in 다음의 명사 population과 from A to B 형태로 연결되는 명사 areas는 전치사구를 이루므로, 동사의 수 일치에 영향을 미치지 않는다.
정답 Ⓒ

Example 2 >>

One **of the first** lessons **in** forest-fire survival **are** **to try** to reach burned ground.
　　 Ⓐ　　　　　 Ⓑ　　　　　　　　 Ⓒ Ⓓ

**해설 >>** One이 주어이기 때문에 동사는 are가 아닌 is가 되어야 한다. lessons나 survival 은 주어가 아니다.
정답 Ⓒ

# Exercise >>

1. The distinction **between** complex **and** simple lipids **lie** in their cell **structure**.
　　　　　　　 Ⓐ　　　　 Ⓑ　　　　 Ⓒ　　　　　　 Ⓓ

2. **One** of the **most** important aspects of **an** organic farm **are** sanitation.
　 Ⓐ　　　 Ⓑ　　　　　　　　　 Ⓒ　　　　　 Ⓓ

**Written Expression Type_14**

# 관계 대명사에 밑줄이 있으면
# 앞의 선행사와 뒤의 구조를 살펴라

**출제유형** 관계 대명사에 대한 문제는 선행사(사람 또는 사물)에 따라 관계 대명사 who와 which 중에 어떤 것이 되어야 하는지를 묻는 문제와 관계 대명사 뒤의 구조가 동사로 시작되는지, 주어로 시작되는지 또는 소유격 관계인지에 따라 주격 관계 대명사, 목적격 관계 대명사 및 소유격 관계 대명사에 관한 문제가 출제된다.

**Example 1 >>**

The conditions <u>who</u> have been <u>necessary</u> historically for commercial <u>trading</u> are a
　　　　　　　Ⓐ　　　　　　　　Ⓑ　　　　　　　　　　　　　　　　Ⓒ
<u>transportation</u> system and a monetary system.
　　Ⓓ

**해설 >>** 선행사가 conditions로 사람이 아닌 사물이므로 who가 아닌 which가 되어야 한다.
　　　　정답 Ⓐ

Example 2 >>

Private radio stations in the United States are supported by the money received from
                                            (A)                            (B)
advertisers whose buy time to broadcast sales messages.
             (C)                         (D)

해설 >> 관계 대명사 다음에 동사 buy가 있으므로 소유격 관계 대명사 whose가 아니라 주
격 관계 대명사 who가 와야 한다.
정답 (C)

# Exercise >>

1. Malvin Gray Johnson is noted especially for the pictures who he painted in Brightwood,
                        (A)              (B)                (C)
   Virginia, in the late summer of 1934.
             (D)

2. Heart Like a Wheel is the movie biography of Shirley Muldowney, a waitress from
                                  (A)                              (B)
   Schenectady, New York, whom became a successful hot-rod driver.
                          (C)           (D)

155

*Written Expression Type_* **15**

# 가산 명사와 불가산 명사를
# 구별하는 힌트는 문장 내에 있다

**출제유형** 미국교육평가원(ETS)에서 가산, 불가산 명사에 대한 문제를 낼 때는 그것에 대한 구별을 문장 내에서 할 수 있도록 한다. 그 이유는 가산, 불가산에 대한 기준이 모호하고 경우에 따라서는 불가산 명사가 가산 명사도 될 수 있기 때문이다. 이러한 불분명함으로 발생할 수 있는 논란의 소지를 없애기 위해서 ETS에서는 문제의 답을 분명하게 한다.

**Example 1 >>**

Approximately one-third of all persons involved in adult education programs in 1970
   (A)     (B)
were enrolled in occupational education course.
  (C)       (D)

**해설 >>** course 단어가 가산 명사인지 불가산 명사인지를 모를 때 앞쪽에 있는 adult education programs와 course를 대조해 보면 courses 형태가 되어야 한다는 것을 알 수 있다.
   정답 (D)

**Example 2 >>**

The amphibians are of few economic importance to humans.
　　　　　　Ⓐ　Ⓑ　　Ⓒ　　　　　　　　Ⓓ

**해설 >>** 명사 importance가 셀 수 있는 명사인지, 셀 수 없는 명사인지를 모른다 해도 형태가 복수형이 아니기 때문에 불가산 명사로 본다면 앞의 few가 little로 되어야 한다.
정답 Ⓑ

## Exercise >>

1. The first person believed to have used a series of photograph to produce an illusion of
　　　　　　　　　　　　　　Ⓐ　　　　　　　　Ⓑ　　　　Ⓒ　　　　　Ⓓ
movement was Coleman Sellers.

2. Two waterfalls within the city limits supply Rochester, New York, with an enormous
　　　　　　　　Ⓐ　　　　　　　　Ⓑ　　　　　　　　　　　　　　　　　Ⓒ
number of electric power.
　Ⓓ

157

*Written Expression Type*_ **16**

# 명사의 혼용을 조심하라

**출제유형** Written Expression type 문제에서는 단어의 어형 문제가 가장 많이 출제된다. 앞에서 살펴본 일반적인 경우(동사, 부사, 형용사 및 명사의 형태) 이외에도 명사의 혼용 문제가 많이 출제되고 있다. 이 중에서도 특히 사람을 지칭하는 명사와 일반 명사의 혼용 문제 및 명사와 동명사형을 구별하는 문제가 자주 출제된다.

### Example 1 >>

<u>Lecture</u> Fannic Barrier Williams helped <u>found</u> two interracial <u>benevolent</u> <u>institutions</u>
  (A)                                      (B)                (C)      (D)
in Chicago.

**해설 >>** Lecture가 뒤의 고유 명사와 동격을 이루기 위해서는 사람을 지칭하는 명사 Lecturer가 되어야 한다.
    정답 (A)

## Example 2 >>

In 1915 Lillien Jane Martin became the first <u>woman</u> <u>to be</u> appointed <u>heading</u> of a Stanford
　　　　　　　　　　　　　　　　　　　　　(A)　　(B)　　　　　　(C)

University <u>department</u>.
　　　　　　(D)

해설 >> heading은 동명사 형태로 '박치기'란 의미를 갖는다. 여기서는 문맥상 '우두머리'
란 뜻의 head가 와야 한다.
정답 ⓒ

## Exercise >>

1. Baffin Bay <u>played</u> an <u>important</u> role in the <u>explorer</u> of North American Europeans
　　　　　　　(A)　　　　(B)　　　　　　　　(C)

   seeking a <u>trade route</u> to India.
　　　　　　(D)

2. Sue White's <u>interest</u> in the law and <u>public</u> affairs led her to an <u>active</u> role in the
　　　　　　　(A)　　　　　　　　　(B)　　　　　　　　　　　　(C)

   women's suffrage movement and resulted in various public <u>appointings</u>.
　　　　　　　　　　　　　　　　　　　　　　　　　　　　　　(D)

159

*Written Expression Type_* **17**

# 전치사, 접속사 및 접속 부사의 기능을 알아야 한다

**출제유형** 전치사, 접속사 및 접속 부사는 연결 형태로 쓰이며 그 쓰임이나 기능이 다르다. 전치사와 접속사의 기본적 차이는 전치사 다음에는 명사나 명사구가 오지만 접속사 다음에는 절이 온다는 점이다.
흔히 혼용되어 쓰이는 짝은 다음과 같다.

| 전치사 | 접속사 |
|---|---|
| during | while |
| because of | because |
| in 또는 at | when |
| despite 또는 in spite of | although |

접속 부사는 단독으로 연결어 역할을 못하므로 다른 접속사와 함께 쓰거나 세미콜론(;)과 함께 쓴다.

### Example 1 >>

Roberto Clemente was recognized both because of his great humanitarianism and
               Ⓐ                         Ⓑ
because his outstanding skill on the baseball field.
   Ⓒ         Ⓓ

**해설 >>** because는 접속사이므로 절 구조가 연결되어야 하는데 명사구가 왔으므로 같은 뜻을 가지면서 전치사로 쓸 수 있는 because of로 대치되어야 한다.
정답 ⓒ


## Example 2 >>

Since the 1920's, the two traditional foundations of the Montana economy, agriculture also
　　　　　　　　　　　　　　　　Ⓐ　　　　　　　　　　　　　　　　　　　　　　Ⓑ
mining, have demonstrated extensive growth.
　　　　　　　　Ⓒ　　　　　　　　Ⓓ

**해설 >>** A, B, and C 구조로 economy, agriculture와 mining이 연결되어야 하는데 and 대신에 also가 쓰였다. and와 also는 뜻은 같으나 문법적 기능이 다르다. and는 접속사이고 also는 접속 부사이다.
정답 Ⓑ


## Exercise >>

1. While the nineteenth century, North American architects developed distinctive
   Ⓐ                                              Ⓑ
   variations on the European architectural models.
   Ⓒ                        Ⓓ


2. Few of the gold seekers who flocked to California were experienced miners, neither did
                            Ⓐ                      Ⓑ                        Ⓒ
   they feel that they had to be.
                    Ⓓ

161

**Written Expression Type_18**

# 상관 접속사 문제는 짝을 찾는 문제이다

**출제유형** 상관 접속사에 관한 문제는 자주 출제되는 유형이다. 문제를 해결하는 요령은 상관 접속사 중의 한 부분을 본 뒤 다른 한쪽을 찾으면 된다. 특히 not only A but also B, both A and B, either A or B, neither A nor B 등이 많이 출제된다.

**Example >>**

Not only was the Mariner <u>spacecraft</u> the first to fly beyond Mars, <u>however it</u> also survived
　　　　　　　　　　　　　　Ⓐ　　　　　　　　　　　　　　　　　　Ⓑ
in space <u>well past</u> its <u>expected</u> lifetime of twenty-one months.
　　　　　Ⓒ　　　　　Ⓓ

**해설 >>** not only로 시작하는 문장이므로 뒤에 but also가 있어야 하는데 however가 but 대신 쓰였다.
정답 Ⓑ

# Exercise >>

1. <u>Either</u> humans and animals <u>learn by</u> experience, and what is learned <u>influences</u> the
     (A)                       (B)                                        (C)
   planning and <u>carrying out</u> of simple actions.
                 (D)

2. Chickens are raised for both meat <u>or</u> eggs, <u>which</u> makes <u>them</u> the <u>most</u> important
                                     (A)    (B)    (C)  (D)
   domesticated birds in the world.

**Written Expression Type_19**

# 전치사 다음의 구조에 유의하라

**출제유형** 전치사 다음에는 보통 명사나 명사 상당어구(대명사, 동명사, that절을 제외한 명사절)가 온다. 종종 전치사 다음에 동사나 형용사가 오거나, 동명사를 이용해 뒤의 구조를 연결하는 문제에서 두 개의 명사가 바로 연결되는 경우가 있으므로 전치사 자체에 대한 문제뿐만 아니라 전치사 다음의 구조에도 신경을 써야 한다.

**Example 1 >>**

A forum is an <u>assembly</u> for <u>to discuss</u> questions of <u>public</u> <u>interest</u>.
      Ⓐ    Ⓑ      Ⓒ  Ⓓ

**해설 >>** 전치사 for 다음에는 to 부정사가 아니라 동명사형이 와서 뒤에 있는 명사 questions를 연결해야 한다.
   정답 Ⓑ

Example 2 >>

A major <u>issue</u> at the Constitutional Convention of 1787 was <u>the decision</u> concerning the
       (A)                                                      (B)
<u>manner</u> of <u>election</u> the President.
 (C)       (D)

**해설 >>** 전치사 of 다음의 명사 election은 뒤에 나오는 the President를 연결할 수 없다. 따라서 명사형의 election이 아닌 동명사형의 electing이 되어야 한다.
정답 (D)

# Exercise >>

1. At the turn of the century, <u>theatrical</u> agent Elisabeth Marbury showed an <u>unusual</u>
                                  (A)                                               (B)
awareness of <u>to come</u> trends in <u>the field</u> of entertainment.
               (C)               (D)

2. At ordinary <u>temperatures</u>, vapors <u>assume</u> a liquid or solid <u>state</u> under high <u>pressured</u>.
           (A)                  (B)                         (C)              (D)

단어 형태에 관한 연습 문제

Answer key

Appendix

# APPENDIX

### 단어 형태에 관한 연습 문제

To부정사는 동사의 기본 형태를 보여주는 것으로 to부정사 앞에는 명사가 오고, 그 뒤에는 형용사나 부사가 놓인다. 명사와 동사는 필요에 따라 변형될 때도 있다.

**1. favor, to favor, favorite, favorable, favorably**

    a. Did you make a _____ impression at the job interview?

    b. Could you do me a _____ ? Please read my composition.

    c. Blue is his _____ color.

    d. I think they reacted _____ to me.

    e. Mr. Aziz always _____ blue suits.

**2. activity, to activate, active, actively**

    a. He works _____ all day.

    b. My favorite _____ is sleeping.

    c. When you push that button, you will _____ the motor.

    d. John leads an _____ life. He is always busy.

**3. frequency, frequent, frequently**

    a. I receive _____ letters from my sister in Venezuela.

    b. What is the _____ of flights from New York to Los Angeles?

    c. I _____ stay out until 2 a.m. on Friday nights.

**4. support, supporter, to support, supporting**

    a. The chairman received the _____ of most of the committee members.

    b. The _____ of the baseball team cheered loudly during the game.

    c. The _____ evidence proves that cigarettes are harmful.

    d. Mr. Peterson _____ his family by working in a bank.

**5. life, to live, alive, live, living, lively**

    a. It is interesting to read about the _____ of a great person.

    b. Ms. White is very _____ .

# WORD FORM

    c. Is that spider _____ or dead?
    d. The Watson family _____ in a small house.
    e. The television news will have a _____ report of the important meeting in Paris.
    f. All _____ things need food.

### 6. combination, to combine, combined
    a. Do you like the _____ of rice and beans?
    b. We _____ our money in one bank account.
    c. My husband and I have a _____ income of $15,000.

### 7. responsibility, responsible, responsibly
    a. Mrs. Chang is _____ for making decisions in the Purchasing Department.
    b. If you don't drive _____, they will take away your license.
    c. How much _____ does your job have?

### 8. center, to centralize, central, centrally
    a. What is the _____ idea in his speech?
    b. It's easy to get to because it is _____ located.
    c. The doctor's office is in the _____ of the town.
    d. Last year, that company _____ all of its records into one location.

### 9. simplicity, to simplify, simple
    a. His instructions were too difficult to understand, so he had to _____ them.
    b. Einstein was able to describe his brilliant ideas with great _____ .
    c. Please write the instructions in _____ language.

### 10. help, helper, to help, helpful, helpless, helpfully, helplessly
    a. The family looked on _____ as their house burned down.
    b. The two boys acted _____ by stopping the cars for the old woman.

# APPENDIX

    c. The old woman needed _____ to cross the busy street.
    d. The child felt _____ when he got lost.
    e. You have been very _____. Thank you.
    f. I need a _____ to carry it.
    g. Can you _____ me carry this chair?

**11. importance, important, importantly**
    a. "Do you have an appointment?" he asked me with an air of great _____.
    b. "In that case, follow me," he said as he walked _____ through the large archway.
    c. "No, but I have an _____ message." I replied.

**12. death, to die, dying, dead, deathly, deadly**
    a. What happened? You are _____ pale.
    b. I was sorry to learn of your uncle's _____.
    c. I want to do a lot of things before I _____.
    d. Keep children away from that poison. It is _____.
    e. He had never seen a _____ man before.
    f. _____ people tell no secrets.

**13. pollution, to pollute**
    a. _____ was a problem in the past as well as in the present.
    b. Please don't _____ the water.

**14. danger, to endanger, dangerous, dangerously**
    a. People usually behave calmly in _____ situations, but later they feel nervous and upset.
    b. They didn't choose to live _____, but sometimes they had to.
    c. Try not to _____ the lives of the children.
    d. During the war, people were accustomed to _____.

# WORD FORM

**15. government, governor, to govern, government(governmental)**
   a. That is the new _____ office building.
   b. Has there ever been a woman _____ in the United States?
   c. At the present, the Republicans control the _____.
   d. He tried to _____ fairly and wisely.

**16. nation, national, nationally**
   a. That product was _____ advertised on TV.
   b. Do you know all of the words to the _____ anthem?
   c. Which is the largest _____ in the United Nations?

**17. neighborhood, neighbor**
   a. He moved because he didn't like that _____.
   b. And then she remembered that he used to be her _____ when she lived on East 53rd Street.

**18. agreement, to agree, agreeable**
   a. She didn't _____ with everything he said, and she told him so.
   b. He seemed to be an _____ person.
   c. We made an _____ to meet every year on March 15th and drink champagne.

**19. relationship, relative, to be related**
   a. The _____ is rather distant.
   b. But, still, you are my _____.
   c. Your mother is my father's second cousin, so that means we are _____!

**20. care, to care, careful, careless, carefully, carelessly**
   a. He dressed very _____ before he went out to dinner.
   b. Be _____ if you are walking alone at night.
   c. But did she really _____ about him?
   d. This box is full of glass objects. Handle it with _____.

# APPENDIX

  e. He knew better, but he was tired, and he made a _____ mistake.
  f. She dropped a lighted cigarette on the rug _____.

**21. suggestion, to suggest**
  a. Could you _____ a good restaurant near here?
  b. I need a _____ for a composition topic.

**22. mildness, mild, mildly**
  a. That soap is known for its _____ to the skin.
  b. Most people react _____ to aspirin.
  c. Aspirin has _____ side effects.

**23. pain, to pain, painful, painfully**
  a. I had a terrible _____ in my tooth.
  b. My tooth _____ me.
  c. It was so _____ that I went to the dentist.
  d. My tooth hurt very _____.

**24. filling, to fill, full, fully**
  a. What kind of _____ would you like in your sandwich?
  b. I _____ understand what you mean.
  c. Please _____ my cup again.
  d. You are _____ of good ideas!

**25. interference, to interfere**
  a. Was there any _____ with your plan?
  b. Coffee _____ with my sleep, so I don't drink it.

**26. length, to lengthen, long/lengthy**
  a. Your sleeves are too short. You should _____ them.
  b. The politician made a _____ speech.
  c. What is the _____ of the trip from the United States to Australia?

# WORD FORM

**27. relief, to relieve, relieved**
   a. I feel so _____.
   b. Aspirin gave me _____.
   c. Do you have anything _____ my headache?

**28. popularity, to popularize, popular, popularly**
   a. Salicylate is _____ known as aspirin.
   b. The _____ of aspirin is not surprising.
   c. Aspirin is the most _____ medicine in the world.
   d. Aspirin was first _____ by a German company.

**29. inventor, invention, to invent, inventive, inventively**
   a. Alexander Graham Bell _____ the telephone in 1876.
   b. He had a very _____ mind.
   c. The telephone is his most famous _____.
   d. Do you know the names of some other _____?
   e. It isn't easy to think _____.

**30. safety, to save, safe, safely**
   a. That boat is very _____. Don't be afraid to get in.
   b. Think of your family's _____ when you drive.
   c. I try _____ some money every week, but it isn't easy.
   d. Although the trip was dangerous, they arrived home _____.

# APPENDIX

## 단어 형태에 관한 연습 문제 해답

**01.**
a. favorable
b. favor
c. favorite
d. favorably
e. favors

**02.**
a. actively
b. activity
c. activate
d. active

**03.**
a. frequent
b. frequency
c. frequently

**04.**
a. support
b. supporter
c. supporting
d. supports

**05.**
a. life
b. lively
c. alive
d. live
e. live
f. living

**06.**
a. combination
b. combine
c. combined

**07.**
a. responsible
b. responsibly
c. responsibility

**08.**
a. central
b. centrally
c. center
d. centralized

**09.**
a. simplify
b. simplicity
c. simple

# WORD FORM

**10.**
a. helplessly
b. helpfully
c. help
d. helpless
e. helpful
f. helper
g. help

**11.**
a. importance
b. importantly
c. important

**12.**
a. deathly
b. death
c. die
d. deadly
e. dead
f. dying

**13.**
a. Pollution
b. pollute

**14.**
a. dangerous
b. dangerously
c. endanger
d. danger

**15.**
a. government(or governmental)
b. governor
c. government
d. govern

**16.**
a. nationally
b. national
c. nation

**17.**
a. neighbor
b. neighborhood

**18.**
a. agree
b. agreeable
c. agreement

**19.**
a. relationship
b. relative
c. related

# APPENDIX

**20.**
a. carefully
b. careful
c. care
d. care
e. careless
f. carelessly

**21.**
a. suggest
b. suggestion

**22.**
a. mildness
b. mildly
c. mild

**23.**
a. pain
b. pains
c. painful
d. painfully

**24.**
a. filling
b. fully
c. fill
d. full

**25.**
a. interferences
b. interferes

**26.**
a. lengthen
b. long (lengthy)
c. length

**27.**
a. relieved
b. relief
c. to relieve

**28.**
a. popularly
b. popularity
c. popular
d. popularized

**29.**
a. invented
b. inventive
c. invention
d. inventors
e. inventively

**30.**
a. safe
b. safety
c. to save
d. safely

# ANSWER KEY

## 01. V-1=)( 공식으로 문제를 해결한다

**1 >>>**
Ⓐ V-1=)( 공식에 모순. 동사 3개에 접속사가 1개.
Ⓒ V-1=)( 공식에 모순. 동사 3개에 접속사가 없음.
Ⓓ V-1=)( 공식에 모순. 동사 2개에 접속사가 없음.
정답 Ⓑ

**2 >>>**
Ⓐ V-1=)( 공식에 모순. 동사 2개에 접속사 2개.
Ⓑ V-1=)( 공식에 모순. 동사 2개에 접속사 2개.
Ⓒ V-1=)( 공식에 모순. 동사 2개에 접속사 2개.
정답 Ⓓ

## 02. 전치사구는 삭제한다

**1 >>>**
Ⓐ 문장의 동사가 부족.
Ⓑ 문장의 동사가 부족.
Ⓒ 문장의 동사가 부족.
정답 Ⓓ

**2 >>>**
Ⓐ V-1=)( 공식에 모순. 동사가 없음.
Ⓑ they가 필요하지 않음.
Ⓒ 주절의 동사가 부족.
정답 Ⓓ

## 03. 동사 찾기 유형은 수 일치와 태로 해결한다

**1 >>>**
Ⓐ V-1=)( 공식에 모순.

# Chapter III
# Structure Type 비법

　　　Ⓑ 동사가 필요함. Ⓐ 와 같은 모순.
　　　Ⓒ 수 일치가 맞지 않음.
　　정답 Ⓓ


　　**2 >>>**
　　　Ⓐ V-1=><  공식에 모순.
　　　Ⓒ 수동태 뒤에 명사가 있어 모순.
　　　Ⓓ V-1=><  공식에 모순. Ⓐ +Ⓒ 의 모순.
　　정답 Ⓑ

## 04. 부사절로 시작하는 문장은 주절 앞에 콤마(,)가 있다

　　**1 >>>**
　　　Ⓐ V-1=><  공식에 모순.
　　　Ⓑ That에 의해 연결되는 명사절이므로 뒤에 명사 galinules와 연결이 안 됨.
　　　Ⓓ V-1=><  공식에 모순.
　　정답 Ⓒ


　　**2 >>>**
　　　Ⓐ 명사절을 이끔.
　　　Ⓑ 명사절을 이끔.
　　　Ⓓ 형용사절을 이끔.
　　정답 Ⓒ

## 05. 관계 대명사 앞에 전치사가 있으면 답이다

　　**1 >>>**
　　　Ⓐ 의미상 맞지 않음.
　　　Ⓑ 형용사절 내에 부족한 성분이 없음.
　　　Ⓒ V-1=><  공식에 모순.
　　정답 Ⓓ

# ANSWER KEY

**2 >>>**
Ⓑ 형용사절 내에 부족한 성분이 없음.
Ⓒ 형용사절 내에 동사가 없음.
Ⓓ 접속사가 부족. V-1=>< 공식에 모순.
정답 Ⓐ

## 06. 부사절, 형용사절 및 명사절의 구분은 O, X로 한다

**1 >>>**
Ⓐ V-1=>< 공식에 모순.
Ⓑ V-1=>< 공식에 모순.
Ⓓ 형용사절 내에 부족한 성분이 없음.
정답 Ⓒ

**2 >>>**
Ⓐ V-1=>< 공식에 모순.
Ⓑ V-1=>< 공식에 모순.
Ⓒ 주절의 주어가 빠져 있는 형태에 부사절이 올 수 없음.
정답 Ⓒ

## 07. 명사 접속사 that과 what의 구별은 부족한 성분 개수로 구별한다

**1 >>>**
Ⓐ V-1=>< 공식에 모순. 동사가 3개이므로 접속사가 필요 없음.
Ⓑ 종속절에 빠진 성분이 없으므로 what절이 올 수 없음.
Ⓒ V-1=>< 공식에 모순. 동사가 2개 있으므로 접속사가 필요함.
Ⓓ 접속사 That에 의한 명사절이 is indicated의 주어 역할을 함.
정답 Ⓓ

**2 >>>**
Ⓐ V-1=>< 공식에 모순. what절 내에 동사가 없음.
Ⓑ 주절의 성분이 빠진 것이 없으므로 what절에 의한 연결이 안 됨.

# Chapter III
## Structure Type 비법

    Ⓒ what절이 주절의 동사에 대한 보어 역할을 함.
    Ⓓ 종속절의 성분이 빠진 것이 없으므로 what에 의한 연결이 적합하지 않음.
정답 Ⓒ

### 08. 복문의 종류에 따른 난이도

**1 >>>**
Ⓐ V-1=>< 공식에 모순.
Ⓑ V-1=>< 공식에 모순.
Ⓒ 주절과 종속절 모두 성분이 다 있으므로 부사절이 적합함.
Ⓓ 주절의 성분 중 부족한 것이 없으므로 접속사 That에 의한 명사절이 올 수 없음.
정답 Ⓒ

**2 >>>**
Ⓐ 명사절에 의한 연결이 불가능하며 they가 불필요하게 쓰였음.
Ⓑ V-1=>< 공식에 모순.
Ⓒ V-1=>< 공식에 모순.
Ⓓ 주절은 성분이 다 있고 종속절은 주어가 없으므로 형용사절로 연결되어야 함. clouds를 선행사로 한 형용사절임.
정답 Ⓓ

**3 >>>**
Ⓐ V-1=>< 공식에 모순.
Ⓑ 주절의 성분이 부족하고 종속절은 완전하므로 명사절이 적합함.
Ⓒ 부사절로 연결하게 되면 주절의 주어가 없기 때문에 틀린 문장이 됨.
Ⓓ V-1=>< 공식에 모순.
정답 Ⓑ

# ANSWER KEY

**09. 명사와 명사의 충돌은 전치사로 해결한다**

**1 >>>**
ⓐ Academy Award와 the best male actor의 연결이 불가능함.
ⓑ 전치사에 의한 명사간의 연결임.
ⓒ V-1=>< 공식에 모순.
ⓓ 등위 접속사에 의한 연결은 연결되는 부분의 구조와 내용이 비슷해야 함.
정답 ⓑ

**2 >>>**
ⓐ acceptance와 most museums의 연결이 맞지 않음.
ⓑ V-1=>< 공식에 모순.
ⓒ acceptance와 most museums의 연결이 맞지 않음.
정답 ⓓ

**10. 고유 명사나 학술 용어는 동격으로 설명된다**

**1 >>>**
ⓐ It이 받을 수 있는 구조가 없음.
ⓑ a leader와 동격 구조를 이룸.
ⓒ V-1=>< 공식에 모순. 동사 was는 필요하지 않음.
ⓓ V-1=>< 공식에 모순.
정답 ⓑ

**2 >>>**
ⓐ It이 지칭하는 것이 없음. V-1=>< 공식에 모순.
ⓑ it is가 필요하지 않음.
ⓒ 접속사 that이 필요하지 않음.
ⓓ 동격 구조임.
정답 ⓓ

# Chapter III
# Structure Type 비법

## 11. However나 therefore 같은 접속 부사는 답이 될 수 없다

**1 >>>**
- Ⓐ 의미적으로 맞지 않음.
- Ⓑ and 앞뒤의 구조가 같지 않음.
- Ⓓ 접속사 내용상 시간 부사 접속사는 적합하지 않음.

정답 Ⓒ

**2 >>>**
- Ⓐ 접속사 역할을 할 수 없음. V-1=><공식에 모순.
- Ⓑ 접속사 역할을 할 수 없음. V-1=><공식에 모순.
- Ⓒ 접속사 역할을 할 수 없음. V-1=><공식에 모순.

정답 Ⓓ

## 12. TOEFL에서의 it은 to부정사와 that절만 받는다

**1 >>>**
- Ⓐ it이 명사 details를 받을 수 없음.
- Ⓑ 부사가 뒤에 나오는 명사 details를 수식할 수 없음.
- Ⓓ V-1=><공식에 모순.

정답 Ⓒ

**2 >>>**
- Ⓐ 앞에 나온 it으로 받을 수 없음.
- Ⓑ It~that 강조 구문.
- Ⓒ 앞에 나온 it으로 받을 수 없음.
- Ⓓ 앞에 나온 it으로 받을 수 없음.

정답 Ⓑ

# ANSWER KEY

## 13. 오답을 이용하여 정답을 찾는다

**1 >>>**
- Ⓐ 어순이 바뀔 수 없음.
- Ⓑ the time rags가 주어인지 rags가 주어인지는 Ⓐ, Ⓓ를 이용하여 알 수 있음.
- Ⓓ 동사가 없음. V-1=⟩⟨ 공식에 모순.

정답 Ⓒ

**2 >>>**
- Ⓐ 뒤에 나오는 명사와 함께 전치사구를 이룸.
- Ⓑ V-1=⟩⟨ 공식에 모순. Where이 나온 이유는 답이 장소를 나타낼 때 쓰이는 전치사이기 때문임.
- Ⓒ V-1=⟩⟨ 공식에 모순. that절 안에 동사가 없음.
- Ⓓ V-1=⟩⟨ 공식에 모순.

정답 Ⓐ

## 14. Wh- 구문이 보이면 주어+동사의 어순이 답이다

**1 >>>**
- Ⓑ V-1=⟩⟨ 공식에 모순.
- Ⓒ 종속절 형태의 where 다음에는 주어 + 동사의 어순이 와야 함.
- Ⓓ 주어가 없음.

정답 Ⓐ

**2 >>>**
- Ⓐ V-1=⟩⟨ 공식에 모순.
- Ⓑ 도치된 구조가 틀림.
- Ⓓ V-1=⟩⟨ 공식에 모순.

정답 Ⓒ

# Chapter III
# Structure Type 비법

**15. 선택지의 단어 구성이 같으면 수식 관계에 대한 문제이다**

**1 >>>**
Ⓐ 분사형 형용사 coloring과 prepared 사이에 부사 now가 올 수 없음.
Ⓑ now는 prepared 앞에 위치하여 수식해야 함.
Ⓒ Ⓐ 와 같은 모순.
Ⓓ material과 now 사이에 주격 관계 대명사 which와 be동사 is가 생략된 구조임.
정답 Ⓓ

**2 >>>**
Ⓐ 빈도 부사 never는 일반 동사 occur 앞에 위치해야 함.
Ⓑ almost가 never를 수식하기 위해서는 앞에 놓여야 함.
Ⓒ 부정 부사어구 never가 문장의 맨 앞에 나와 있으므로 주어, 동사의 어순이 바뀌어야 함.
정답 Ⓓ

**16. 주어, 동사의 도치 문제는 고난이도의 문제로 출제된다**

**1 >>>**
Ⓐ 부정 부사어구 Never가 앞에 있으므로 조동사가 주어 앞으로 나가 어순이 바뀌어야 함.
Ⓑ Ⓐ 와 같은 모순.
Ⓒ V-1=>< 공식에 모순.
Ⓓ 조동사가 앞으로 나가 어순이 바뀌었음.
정답 Ⓓ

**2 >>>**
Ⓐ 도치되어야 함.
Ⓑ V-1=>< 공식에 모순.
Ⓒ only 다음에 시간 표시어구가 있으므로 주절의 주어와 동사의 어순이 바뀌어야 함.

# ANSWER KEY

  Ⓓ V-1=><  공식에 모순.
 정답 Ⓒ

## 17. 선택지에 to부정사, 현재 분사 및 과거 분사가 있을 때 to부정사가 정답일 확률이 높다

**1 >>>**

  Ⓐ 뒤에 bricks라는 명사가 있기 때문에 수동형이 될 수 없음.
  Ⓑ 동명사에 The를 붙일 필요는 없음.
  Ⓓ Ⓐ와 같은 유형.
 정답 Ⓒ

**2 >>>**

  Ⓐ 시제의 차이를 보이지 않기 때문에 완료 부정사를 쓸 필요가 없음.
  Ⓑ originating의 주체로 ragtime music이 될 수 있음.
  Ⓒ '~하기 위해서'라고 해석됨. To originate의 주체로 ragtime music이 될 수 없음.
  Ⓓ It이 지칭하는 것이 없음.
 정답 Ⓑ

## 18. 비교급 문제는 병치 구조로 푼다

**1 >>>**

  Ⓐ 비교급 사이에 두 개의 전치사구를 비교함.
  Ⓑ 비교 구조가 잘못되었음.
  Ⓒ 비교 구조가 잘못되었음.
  Ⓓ it의 지칭이 명확하지 않음.
 정답 Ⓐ

**2 >>>**

  Ⓐ measurements와 those의 연결이 자연스럽지 않음.
  Ⓑ V-1=>< 공식에 모순.
  Ⓒ measurements와 those가 as + 원급 + as 형태로 비교됨.

# Chapter III
# Structure Type 비법

　　　Ⓓ 비교 구조가 잘못되었음.
정답 Ⓒ


**3 >>>**
　　　Ⓐ 이중 비교급의 비교 구조가 병치를 이루지 못함.
　　　Ⓑ 이중 비교급의 비교 구조가 병치를 이루지 못함.
　　　Ⓒ 이중 비교급의 비교 구조가 병치를 이루지 못함.
　　　Ⓓ 이중 비교급의 명사구가 비교되었음.
정답 Ⓓ


## 19. 주절이 복잡하면 사람 주어를 찾는다

**1 >>>**
　　　Ⓐ traveling의 주체가 사람임.
　　　Ⓑ it이 traveling의 주체가 아님.
　　　Ⓒ Ⓑ와 같은 모순.
　　　Ⓓ 주절의 동사가 없음.
정답 Ⓐ


**2 >>>**
　　　Ⓐ pines가 의미상 주어임.
　　　Ⓑ pines가 의미상 주어가 될 수 없음.
　　　Ⓒ pines가 의미상 주어가 될 수 없음.
　　　Ⓓ V-1=><  공식에 모순.
정답 Ⓐ


## 20. 상관 접속사에 관한 문제는 짝짓기 문제이다

**1 >>>**
　　　Ⓒ not only와 짝을 이루는 상관 접속사를 찾아야 함.
정답 Ⓒ

# ANSWER KEY

**2 >>>**
Ⓓ Neither A nor B의 병치 구조임.
정답 Ⓓ

## 21. 문장에 콤마(,)가 많으면 병치 구조 문제이다

**1 >>>**
Ⓒ A, B, and C 형태에 의해 세 개의 동명사가 연결되는 구조임.
정답 Ⓒ

**2 >>>**
Ⓓ because절 안의 동사 세 개가 A, B, and C의 구조로 병치를 이룸.
정답 Ⓓ

# Chapter IV
# Written Expression Type 비법

## 01. Make와 do동사를 이용한 숙어적 표현에 주의하라

**1 >>>**

Precautions must be **made** in mines to detect and control methane gas, which is highly explosive.
정답 Ⓐ

**2 >>>**

Group decisions can be **made** either consciously or unconsciously.
정답 Ⓑ

**3 >>>**

A soluble substance, alkali reacts with acids to **make** salts.
정답 Ⓓ

## 02. TOEFL 문법 section에서는 미래 시제가 거의 안 나온다

**1 >>>**

Oberlin College **awarded** degrees to both sexes as early as 1837, but coeducation in American colleges did not spread until the second half of the century.
정답 Ⓐ

**2 >>>**

In general, newspapers emphasize current news, whereas magazines **deal** more with background materials.
정답 Ⓒ

**3 >>>**

**In** 1921 the budget of the United States became the primary responsibility of the President.
정답 Ⓐ

# ANSWER KEY

## 03. Alike 다음에는 명사가 올 수 없다

**1 >>>**

Some antibiotics used in the treatment of human disease are **alike** only in that they are obtained from fungi and bacteria.
정답 Ⓒ

**2 >>>**

**Like** other waves, sound waved tend to curl around obstacles according to the laws of refraction and produce waves moving in all directions.
정답 Ⓐ

**3 >>>**

**Unlike** sumac with red berries, sumac with white berries is poisonous.
정답 Ⓐ

## 04. 대명사에 밑줄이 있으면 정답일 가능성이 높다

**1 >>>**

Personnel administration **is** the management of the people in organizations such as corporation.
정답 Ⓑ

**2 >>>**

There are many stories about how smart a fox can be when **it is** being chased by hounds.
정답 Ⓒ

# Chapter IV
# Written Expression Type 비법

**3 >>>**

Some trees have distinctive features that identify **them** at first glance.
정답 ⓓ

**4 >>>**

Geologists believe that the eruption of the Volcano Mount Saint Helens began with **its** explosion on the south end of the lava dome.
정답 ⓒ

## 05. So, such, too, very를 조심하라

**1 >>>**

Some nematodes are **so** tiny that it is necessary to view them through a microscope.
정답 ⓑ

**2 >>>**

A bridge can be defined as a structure surmounting an obstacle **such as a river,** declivity, road, or railway.
정답 ⓒ

## 06. Be동사와 관계된 유형의 문제들이 많이 출제된다

**1 >>>**

Among the most important jazz innovators in the twentieth century **are** Louis Armstrong, Fletcher Henderson, Duke Ellington, and Dizzy Gillespie.
* be동사는 상태 동사이므로 진행형이 없음.
정답 ⓓ

**2 >>>**

Many religions in the world cannot be **defined** by simple statements.

# ANSWER KEY

정답 Ⓑ

**3 >>>**

There is, it seems, no limit to the satisfaction to be **found** in the pursuit of knowledge.

정답 Ⓒ

**4 >>>**

The goal of unemployment insurance is to support workers who have lost their jobs until they are **reabsorbed** into industry.

정답 Ⓒ

## 07. 전치사, 숙어 문제는 중간 정도의 난이도 문제가 출제된다

**1 >>>**

Body temperature is usually highest **in the afternoon** or evening.

정답 Ⓑ

**2 >>>**

Novelist Carson MoCullers is famous **for** her stories of small-town life in the South.

정답 Ⓒ

## 08. 부정 관사에 유의하라

**1 >>>**

Augusta Savage was **a** significant sculptor during the Harlem Renaissance of the 1920's.

정답 Ⓑ

**2 >>>**

Carrie Chapman Catt contributed a sophisticated political sence, a

# Chapter IV
## Written Expression Type 비법

concentrated personal drive, **a administrative** skills to the cause of woman suffrage.

정답 Ⓓ

**3 >>>**

The distribution of algae is often used **as an indicator** of river water pollution.

정답 Ⓒ

## 09. 어순 문제는 수식 관계와 enough에 관한 문제가 출제된다

**1 >>>**

Good puzzles provide an excellent way to explore the realm of **abstract thought** best known to mathematicians.

정답 Ⓒ

**2 >>>**

How many people living today are **old enough** to remember the appearance of Halley's comet in 1910?

정답 Ⓑ

## 10. 비교 구문 문제는 형태에 관한 문제가 나온다

**1 >>>**

Protein molecules are **more** complex than the molecules of carbohydrates and lipids.

정답 Ⓑ

**2 >>>**

Although Pluto is not the **largest** planet in the solar system, it is the most distant from the sun.

정답 Ⓐ

# ANSWER KEY

**3 >>>**

Adult great blue herons stand four feet **tall**.
정답 Ⓓ

## 11. 단어의 형태에 관한 문제가 가장 많이 나온다

**1 >>>**

Obsidian, an uncommon volcanic rock, polishes **well** and makes an attractive semiprecious stone.
정답 Ⓒ

**2 >>>**

Research in molecular biology has **demonstrated** phenomenal similarities between humansand apes.
정답 Ⓑ

**3 >>>**

Cider is the fermented, or **partially** fermented, juice of apples.
정답 Ⓑ

## 12. 병치 구조는 난이도에 따라 출제 유형이 다르다

**1 >>>**

Maps have lines, words, **symbols**, and colors that show the distribution and arrangement of the Earth's geographical features.
정답 Ⓐ

**2 >>>**

The design of the University of Virginia comes at the end of Thomas Jefferson's long career as theoretician, statesman, and **architect**.
정답 Ⓓ

# Chapter IV
## Written Expression Type 비법

**3 >>>**

Several educational theories emphasize the **worth** and dignity of the individual student.

정답 ⓒ

## 13. 수 일치 문제를 해결하는 요령은 간단하다

**1 >>>**

The distinction between complex and simple lipids **lies** in their cell structure.

정답 ⓒ

**2 >>>**

One of the most important aspects of an organic farm **is** sanitation.

정답 ⓓ

## 14. 관계 대명사에 밑줄이 있으면 앞의 선행사와 뒤의 구조를 살펴라

**1 >>>**

Malvin Gray Johnson is noted especially for the pictures **which** he painted in Brightwood, Virginia, in the late summer of 1934.

정답 ⓒ

**2 >>>**

Heart Like a Wheel is the movie biography of Shirley Muldowney, a waitress from Schenectady, New York, **who** became a successful hot-rod driver.

정답 ⓒ

# ANSWER KEY

**15. 가산 명사와 불가산 명사를 구별하는 힌트는 문장 내에 있다**

**1 >>>**

The first person believed to have used a series of **photogaphs** to produce an illusion of movement was Coleman Sellers.
* a series of 복수 명사
정답 Ⓑ

**2 >>>**

Two waterfalls within the city limits supply Rochester, New York, with an enormous **amount** of electric power.
정답 Ⓓ

**16. 명사의 혼용을 조심하라**

**1 >>>**

Baffin Bay played an important role in the **exploration** of North American Europeans seeking a trade route to India.
정답 Ⓒ

**2 >>>**

Sue White's interest in the law and public affairs led her to an active role in the women's suffrage movement and resulted in various public **appointments.**
정답 Ⓓ

**17. 전치사, 접속사 및 접속 부사의 기능을 알아야 한다**

**1 >>>**

**During** the nineteenth century, North American architects developed distinctive variations on the European architectural models.

정답 Ⓐ

**2 >>>**

Few of the gold seekers who flocked to California were experienced miners, **nor** (또는 **and neither**) did they feel that they had to be.
정답 Ⓒ

## 18. 상관 접속사 문제는 짝을 찾는 문제이다

**1 >>>**

**Both** humans and animals learn by experience, and what is learned influences the planning and carrying out of simple actions.
정답 Ⓐ

**2 >>>**

Chickens are raised for both meat **and** eggs, which makes them the most important domesticated birds in the world.
정답 Ⓐ

## 19. 전치사 다음의 구조에 유의하라

**1 >>>**

At the turn of the century, theatrical agent Elisabeth Marbury showed an unusual awareness of **coming** trends in the field of entertainment.
정답 Ⓒ

**2 >>>**

At ordinary temperatures, vapors assume a liquid or solid state under high **pressure**.
정답 Ⓓ